DIARIO DE "EL PUENTE A LA LIBERTAD"

LADY NADA

SERAPIS BEY EDITORES, S.A.
PANAMÁ

110
P962 Puente a la Libertad
Diario de "El Puente a la Libertad" — Lady Nada/ Puente a la Libertad
Jorge Arturo Carrizo E., trad. y comp.; Cristian González y
Taía Becerra , ilus.
Panamá: Serapis Bey Editores, S.A. - 2002
135 pp.: il., 21cm
Título Original: The Bridge to Freedom Journal — Lady Nada
ISBN: 9962-801-90-7
1. METAFÍSICA CRISTIANA I. Título

Compilación y traducción: Jorge A. Carrizo
Diseño de la portada: Cristian González
Corrección de pruebas: Edilberto González-Trejos

© SERAPIS BEY EDITORES S.A.
Calle 78 Este #15, San Francisco de la Caleta
Apartado 0823-1657, Panamá-7, Rep. de Panamá
Teléfono: (507) 226-3035
Fax: (507) 226-1617
E-mail: jacbey@pa.inter.net
Sitio Web: www.serapisbey.com

1ª Edición - Marzo de 2003
4ª Reimpresión - Octubre de 2005

ISBN: 9962-801-90-7

Queda hecho el depósito legal que contempla la Ley Nº 34 del 6 de julio de 1995, y la Ley 11 del 10 de febrero 1978

Hecho e impreso en Panamá
Made and printed in Panama

ACLARATORIA

Con el fin y único propósito de disipar cualquier duda que pudieran abrigar algunas personas con respecto a las razones que nos motivan a realizar estas traducciones y publicaciones, detallamos a continuación lo siguiente:

EL SÉPTIMO RAYO, Saint Germain, *p. 3*: "Esta publicación (refiriéndose al *Diario de El Puente)* fue diseñada para ofrecer este servicio de forma tan razonable como fuera posible, a fin de no castigar desmedidamente los recursos de la gente... ESTA PUBLICACIÓN y cualquier otra que proceda de la misma fuente SON PROPIEDAD DE LA GRAN HERMANDAD BLANCA, y son ofrecidas a todo el mundo por doquier a un precio al alcance de su bolsillo..."

EL SÉPTIMO RAYO (Edición Alemana): " Ya que la Enseñanza Maestra Ascendida tiene por objeto ser la enseñanza de la Nueva Edad Dorada, la misma NO puede ser presentada SÓLO a gente de habla inglesa y ser retenida del resto de la raza humana".

THE BRIDGE JOURNAL (*Diario de El Puente*), *Septiembre de 1995, p. 14,* El Morya: "Ustedes tienen que entrar al mundo de los negocios...para, mediante el ejemplo, traer los esfuerzos comerciales del hombre a Nuestro nivel...y hacer que sea algo común encontrar las enseñanzas de *El Puente* en las librerías por doquier, así como en bibliotecas públicas y privadas".

THE BRIDGE JOURNAL (*Diario de El Puente*), *Noviembre de 1958, p. 11*: " La necesidad de la hora es diseminar las palabras de los Maestros Ascendidos. Una manera de hacer esto es mandar nuestros libros como regalos a las bibliotecas públicas, prisiones y bases militares".

LUZ DE LOS MAESTROS ASCENDIDOS, *Prefacio*: "Este Libro se le da a los Estudiantes del "YO SOY" y a toda la humanidad por orden de los Grandes Seres Cósmicos que dictaron los Discursos contenidos en el mismo..." *página 88*: "Oh, les digo, Mis amados, que no hay nada tan importante como hacer que estos libros lleguen a tanta humanidad como sea posible.... De manera que les digo, amados Míos, si desean servir, si desean ayudar a conseguir esta Liberación, hagan lo que puedan por ayudar a difundir estos libros y revistas..."

ÍNDICE

APÉNDICES

PRESENTACIÓN

roducto de la Gran Crisis Planetaria que desencadenara el gran Edicto Cósmico de 1951 —en el cual se indicaba que todos los planetas del Sistema de Helios y Vesta habrían de iniciar la "inhalación cósmica", encontrándose la Tierra inhabilitada para asumir dicha Iniciación Cósmica—, la Jerarquía Planetaria decidió asumir un curso acelerado de acción a fin de reversar dicho veredicto.

Debido a la intransigencia de los dirigentes de grupos espirituales organizados existentes, los Maestros decidieron establecer una nueva actividad espiritual, a través de la cual se descargaría —en un máximo de veinte años— la Enseñanza Espiritual que se suponía se descargaría durante los próximos dos mil años de la Era de Acuario. Dicha actividad fue "El Puente a la Libertad", y para los efectos, la mismísima Señora Vesta se le presentó al Complemento Divino del Maestro Morya que estaba encarnada, Lady Miriam (v.g. Geraldine Innocente), dándole la orden de fundarla.

Geraldine llevó a cabo su labor con la mayor de las reservas desde 1952 hasta su Ascensión en la Luz diez años más tarde, apareciendo sin firma autoral todos los dictados que, de los Maestros, recibiera para la humanidad. Esta Serie "Diario de El Puente a la Libertad" pretende poner en manos del buscador espiritual hispanoparlante —y de primera mano— las Enseñanzas descargadas durante este período (1952-1962) a través del organismo difusor de "El Puente a la Libertad" —titulado apropiadamente *The Bridge Journal* (tr. "Diario de El Puente").

Esta Enseñanza se hubiera perdido de no haber sido por la labor tenaz y desinteresada de Werner y Annette Schroeder, quienes se abocaron a la tarea de localizar, recopilar y catalogar todos los ejemplares de *The Bridge Journal* del período especificado y el libro *Dictations*, y entonces publicarlos a través de la *Ascended Master Teaching Foundation* (Mt. Shasta, California) para difundirlos en su idioma original (inglés).

Aparecen en esta ocasión todos los dictados de la amada Lady Nada, Chohán del Sexto Rayo, que fueran publicados durante el período mencionado anteriormente en *The Bridge Journal*, así como también manuscritos inéditos tomados del libro *Dictations.* Aparecen aquí igualmente dictados del Arcángel Uriel, del Señor Surya y de otros Seres de Luz relacionados con la radiación de Ministración y Paz Divina.

J.A.C.

DIARIO DE "EL PUENTE A LA LIBERTAD"

LADY NADA

MAESTRA ASCENDIDA LADY NADA
versión Puente a la Libertad

1

EL AMOR ES LA MÁS ALTA MANIFESTACIÓN DE LA DEIDAD

15 de Agosto de 1954

(tomado de *Dictations*)

INTRODUCCIÓN

uestro amor y gratitud se extiende a la amada Maestra Lady Nada, cuyo servicio espiritual consiste en expandir los talentos, dones, poderes y momentums de todos los miembros de la raza humana.

Que Su amoroso interés en el desarrollo de todo individuo inspire a nuestros amables lectores a desarrollar una capacidad similar de *amar* el bien en todo lo que contacten, nutrir los empeños de cada hijo de Dios, de manera que los frutos de obras bien hechas puedan resultar en una mayor cosecha para bendecir a la raza, inculcar esa devoción altruista a la promoción y expansión de la Divinidad a través de todo corazón humano.

¡Bendita Lady Nada! Tus experiencias han sido una inspiración para todos los que te han conocido. Ahora, en estas páginas escribimos tus palabras para familiarizar a otros con tu presencia, y estimularlos a solicitar Tu asistencia con el fin de desarrollar un amor similar por su prójimo.

Thomas Printz

HABLA LADY NADA

Amados amigos de Luz, tan cerca he llegado a sus corazones y espíritus aquí en esta ciudad de armonía y amor, que parece casi innecesario tener que utilizar el medio de las palabras para transmitirles la gratitud de Mi corazón por la fidelidad de sus espíritus, y por la gran fortaleza interna que ha mantenido y sostenido un campo de fuerza de puro Amor Divino. ¡Oh, la humanidad piensa que el amor es algo débil y sentimental! El Amor es la más fuerte de todas las cualidades de la Deidad *[Godhead]*. ¡ES LA MANIFESTACIÓN SUPREMA DE LA MISMÍSIMA DEIDAD! Las corrientes de vida que encarnan ese amor se convierten en "levadura" en la gran "masa" de la humanidad. A través de ellos, toda bendición que se infiltra desde el Reino del Cielo entra a la conciencia de la humanidad y se convierte en propiedad de la raza.

TEMPLO DE AMOR DIVINO Y SANACIÓN

Sobre la ciudad de uno de los estados de Nueva Inglaterra (U.S.A.) se yergue el Templo de Amor Divino y Sanación.[1] Hace mucho tiempo, este templo estaba visible a la visión física de todos, pero eso fue en la época de la grandeza atlante. Yo tuve el privilegio de residir en ese templo, y aquellos de ustedes que han regresado de nuevo al sitio de esa perfección participaban también en atraer la vida primigenia. Nosotros la calificamos con Amor Divino, y luego a través de ese Amor, dirigimos los poderes de sanación a las corrientes de vida que requerían asistencia por todo el planeta Tierra.

Ese templo estaba construido con la forma de una exquisita rosa abierta, y cada capa de esos pétalos abiertos era una habitación. A medida que los iniciados se desarrollaban en la gran cualidad impersonal de Amor, ascendían de capa a capa hasta que entraban al corazón de la rosa, y de allí muchos ascendían

[1] Nota del Traductor: Se refiere aquí a New Bedford, Massachussetts.

a su liberación eterna. Muchos otros, al igual que ustedes, recibieron la oportunidad de lograr la Ascensión en aquel entonces, pero en la plenitud del amor, escogieron permanecer para servir a la vida como centros irradiadores en el mundo de la forma.

Cuando la grandeza atlante fue desecrada por pensamientos y sentimientos de imperfección, cuando los gloriosos templos que habían servido a la raza durante siglos dejaron de ser sostenidos, esos seres que habían servido en los templos entraron al ámbito etérico, y allí habitan todavía. Ese patrón en el ámbito etérico contiene en sí no sólo los diseños de los cuales surgieron los templos físicos, sino que el momentum plenamente acopiado de las oraciones, invocaciones y todas las actividades que ocuparon las vidas de quienes allí rindieron culto.

MISIÓN DE VICTORIA

Construyendo, creciendo y expandiéndose con cada victoria sucesiva, ciertos individuos atrajeron la vida primigenia, descargando las cualidades de Dios desde dentro de esa vida, enviándola adelante en una misión de victoria. Luego, en la corriente de retorno de esa energía, atraían de vuelta el momentum acopiado de gratitud de parte de la vida liberada. Una vez más ahora, en el mundo de apariencias físicas, sus amados líderes y todos ustedes aquí se han "sintonizado" con el corazón de ese gran templo, y a través de sus corrientes de vida, están magnetizando los momentums y los poderes que allí hay. Están irradiándolos adelante a través del campo de fuerza, el cual ha sido mantenido en una armonía increíble, considerando el hecho de que las fuerzas en la atmósfera baja de la Tierra no son conducentes al establecimiento y sostenimiento de los poderes del Amor Divino.

Muchos, pero muchos cientos de años atrás, Yo me paré en conciencia allí donde ustedes están hoy. Al escudriñar sus preciosos corazones, mentes y mundos emocionales, pareciera que fue ayer. Puedo recordar mis propias experiencias mediante las cuales alcancé Mi victoria y liberación.

FAMILIA DE NADA

Yo pertenecía a una familia grande, era el miembro más joven y el más pequeño. Nuestra familia era talentosa bordeando el genio. Mis tres hermanas eran altas, imponentes y rubias, seguras de sí mismas y balanceadas —la dignidad encarnada. Mi familia tenía gran riqueza, afluencia y posición, y Mi padre estaba muy deseosos de hacer alianzas con los grandes de Asia y del Cercano Oriente, a través de las hijas de su familia. En mi casa se estimulaba el desarrollo de los talentos de música (instrumental y vocal) y arte, y de entre esa familia, la única que parecía no tener gracia desarrollada ni mérito alguno era yo, nada que pudiera ofrecerse en intercambio por una de las alianzas que Mi padre deseaba acordar. De allí que yo fuera tímida y retraída. Aún la estatura y belleza de Mis hermanas parecía empujarme al ensimismamiento. Recuerdo, cuando no tenía más de cuatro o cinco años de edad, estar sentada en el jardín admirando la belleza y dignidad de la familia con la que habitaba, pero de la cual no me sentía parte.

APARICIÓN ARCANGÉLICA

Entonces, me ocurrió una experiencia que llenó toda Mi vida y me sacó de ese sentimiento de retraimiento y de "no pertenecer." Una noche, mientras me encontraba acostada boca arriba en mi camita, la cual estaba cerca de las ventanas, cuando me encontraba viendo para afuera al jardín formal, una bella dama se apareció en el balcón, ataviada de una bella tonalidad rosada. Su largo cabello estaba trenzado, con una de las trenzas colgando sobre el hombro, y me sonrió con tal amabilidad...! Al yo mirarla, me llené con un sentimiento de gran devoción y amor por la belleza que era parte integral de Mi naturaleza. Ella tenía toda la apariencia de una Diosa, magnífica, como la de la familia de la cual yo era el miembro más pequeño. Sin embargo, había una bondad, una dulzura en esa conciencia, en esa sonrisa, en esos grandes ojos violeta, como nunca he visto en esta Tierra. Había un amor que Me dio el sustento que mi corazón de niña tánto requería.

Esa noche ella no me habló, y por la mañana, pensé que todo había sido un sueño —una fantasía de la mente y la imaginación. Sin embargo, cuando cerraba los ojos, volvía a sentirme muy cerca de ese personaje. Sentía una calidez y una realidad. En vista de que yo siempre llevaba una vida tranquila, más bien abstraída, nadie notó Mi preocupación. A menudo me sentaba por la piscina donde las flores crecían, y pensaba acerca de Mi dama-de-amor. Aunque era muy pequeña, "algo" dentro de Mí me decía que no hablara con nadie de esa experiencia —que no la compartiera. En vista de que tenía tan poco que compartir, una parte de mí estaba ansiosa de hacerlo, agradecida de que, al fin, tenía algo que dar. Quería abrir mis labios y hablar, pero me auto-negué ese placer pasajero.

Una y otra vez vino ese bello ser, y siguió vertiendo una suave radiación de confort dentro de Mi mundo durante casi un año. A medida que la fui conociendo, y que me acostumbré a esperar su presencia, me concienticé de la música que siempre la acompañaba, y de una fragancia como de rosas. A veces durante el día, cuando las experiencias de la vida se ponían difíciles, esa fragancia interpenetraba la atmósfera, dejándome saber, de alguna manera, que mi bella dama estaba muy cerca. A veces, aún a través del sonido de otras voces, Yo escuchaba esa bella música, y sabía que ella estaba por los alrededores. Entonces un día —está tan claro en Mi memoria como si hubiera ocurrido ayer— Ella me habló por primera vez.

Dijo que me iba a dar la oportunidad de desarrollar cierto regalo para la vida que equivaldría a los dones de Mis hermanas, algo que también Yo pudiera ofrecer al Padre Celestial y a todos Sus hijos. Ese don, me dijo, sería la vertida de puro Amor Divino impersonal.

FLORES DE NOCHE

Claro está, siendo Yo una niñita, esas palabras no significaron mucho para Mí, pero esa misma noche, por primera vez, ella me llevó de la mano al jardín. Desde su propio corazón, Ella proyectó un rayo de luz sobre los nenúfares que se habían cerrado con la puesta del sol. A medida que el amor y aprecio de la belleza fluía desde Su corazón y tocaba uno de los nenúfares, éste comenzaba a abrirse, contrario a su propensidad natural. Desde Su cuerpo, ese rayo de luz, al conectarse con el nenúfar, lo hacía descargar una fragancia como nunca antes se ha perfumado la atmósfera de la Tierra. La flor se expandía, los pétalos se refinaban, y en su pura blanqueza expresaba la totalidad de la perfección de un nenúfar. Luego, retirando ese rayo a Su corazón, me pedía que yo hiciera lo mismo. Yo miré la flor pero fui incapaz de proyectarle el amor que la haría siquiera moverse levemente en su profundísimo sueño nocturno.

RITMO DE LA NATURALEZA

La dama dijo, “ahora, al principio trabajarás con la naturaleza, con el ritmo de la naturaleza. Mañana por la mañana, cuando amanezca y los primeros rayos del sol besen los nenúfares, utiliza tu amor y amplifica la luz del sol. Nota entonces cuánto más dulce en fragancia serán las flores y tendrán un aspecto más bello, debido a tu amor por ellas y por tu aprecio de su perfección.” Diciendo eso, desapareció.

De manera que trabajé con el ritmo de la naturaleza. Aún los pájaros cantores, al tiempo que les proyectaba amor por su vida, cantaban más dulcemente y las flores emanaban una fragancia aún más penetrante —todo de acuerdo con el ritmo ya establecido por los grandes seres de la Naturaleza.

La próxima vez que vino la bella dama, dijo, "Ahora, debes poner de manifiesto la misma actividad sin la asistencia del Reino de la Naturaleza. Cuando un ruiseñor duerme de día, deberás verter tu amor a su corazón y hacer que cante bajo el sol de mediodía. Cuando las flores se adormecen al caer la tarde, habrás de despertarlas mediante el amor."

Para entonces, con la práctica, mi amor se había fortalecido y era capaz de dar esa asistencia a la vida, amplificando la perfección natural en las estaciones, en oposición a su expresión natural.

CUESTIÓN DE DISCIPLINA

Pasé por la infancia y llegué a la edad de diez años. Entonces, un día, la bella dama me dijo su nombre —ella era el gran Ser Cósmico, "Caridad" *["Charity"]*. Me dijo, "ahora puedes comenzar tu servicio en serio. Toda tu familia tiene talento, y con ese talento, el orgullo natural del logro. Durante las horas de la noche, mientras sus cuerpos duerman, te pararás al lado de la cama de cada uno y verterás el amor de tu corazón a través de los talentos de canto, poesía, danza o el que fuese. En calidad de "ser desprendido", tú serás el sustento mediante el cual ellos florecerán y, a modo de disciplina tuya... ¡ellos nunca habrán de enterarse de que es TU AMOR lo que los hace ser el genio del momento!"

Con amorosa obediencia, presté este servicio durante muchos años. La belleza y perfección de la voz de mis hermanas, la exquisita poesía y prosa que escribían, las pinturas y arte que lograban las hicieron famosas por todo el mundo entonces conocido. Todo esto fue resultado de Mi servicio, y nadie fuera de nuestra familia inmediata y amigos siquiera sabían que había una "hija más joven". La familia inmediata nunca se enteró de mis empeños con la ayuda de

Caridad, de nutrir el bien de ellos a fin de que el fruto, las flores, el perfume de talento desarrollado, se convirtieran en bendiciones para todo el género humano.

NUEVO MAESTRO

Cuando Mis hermanas se casaron, yo me quedé sola en casa. Fue entonces que mi gran maestra me dijo que tendría un visitante oriundo de un retiro muy distante. Me dijo que estaba lista para entrar al servicio y actividad que Él solicitaría de mi corriente de vida, y que a partir de ese momento, mi asociación con Ella terminaría. No me resultó nada fácil cuando Caridad retiró la llama de Su corazón y me dejó allí parada bajo la luz de mi propia alma. Así tuve que permanecer, a la espera de mi sempiterno visitante.

Sin embargo, llegó el día en que se me presentó. Se trataba del bello Serapis Bey de Luxor. Me habló acerca de las actividades de Luxor, los requerimientos de los chelas que deseaban alcanzar la Ascensión, la necesidad de desarrollar desde dentro de la corriente de vida todo talento o don que hubieran prometido a Dios dar a la vida antes de regresar a *Casa*. Esto se requiere de todo individuo que vaya a lograr la Ascensión. El amado Serapis me preguntó si aceptaría ser el "incubador" encarnado de esos talentos y dones para todos los miembros del Retiro, liberándolos a punta de mi amor. Después de darle algo de consideración, estuve de acuerdo en hacerlo. Dijo que primero tendría que pasar por las iniciaciones de Luxor, en una sucursal de dicho Retiro que no estaba muy lejos de mi hogar.

INICIACIONES DE LUXOR

Entré a ese Retiro, y allí viví con corrientes de vida que les resultaba muy difícil vivir unas con otras. Estaban en el proceso de entrenarse para desarrollar su propia maestría sobre la energía y la vibración, aprendiendo a no reaccionar a presiones externas o internas que calificarían imperfectamente la energía. Los aspirantes estaban agrupados en grupos de siete.

El jerarca del Retiro velaba porque se pusieran en un grupo, individuos que —por dicha asociación— recibieran las mayores oportunidades para superar sus personalidades en el transcurso diario de la proximidad.

Me fui de grupo en grupo, siempre tratando mediante esa presión de amor, de disolver el dolor, la herida —siempre tratando de sacar desde dentro del centro-corazón el regalo, el poder y el talento de la corriente de vida. Cuando hube servido lo suficiente y me encontré impertérrita ante reacciones que no estaban bajo el control de la Llama Divina, se me permitió entrar al Retiro de Luxor. Allí permanecí durante varios siglos, prestando un servicio y asistencia que todavía sigo vertiendo a la humanidad, a todos y cada uno, por doquier, a todos aquéllos que escojan comprender el poder que el amor es para liberar el bien en su prójimo.

PEQUEÑA ROSA ROSADA EN EL CORAZÓN

Aquí en el corazón de ______, encuentro una afinidad natural a mi actividad. A través de la misma en esta clase, vamos a esforzarnos por establecer en el corazón de cada estudiante, de cada individuo en el sendero místico que lo desee, una pequeña, la cual es nuestro regalo de amor. A medida que el amor de la clase fluya hacia adelante, y que los grandes Devas de las rosas lleven esa presión, nos esforzaremos —a través de los campos de fuerza establecidos por sus empeños cooperativos— por amplificar el bien. Nos esforzaremos por intensificar y aumentar los talentos de cada quien, dándole a cada corriente de vida un mayor incentivo para seguir en el sendero, un mayor deseo por desenvolver su Plan Divino particular. A medida que este momentum crezca, haremos un bello jardín de este planeta Tierra —la llama del corazón de cada cual emitiendo su propio perfume, el aura de cada quien constituyendo una magnífica flor, y la energía de todos y cada uno irradiando la música de las esferas. Es así como se completa en el mundo de apariencias físicas el patrón y el plan para el cual el individuo encarnó.

TRABAJO DE CLASE

Amados míos, la humanidad no comprende las oportunidades del trabajo de clase. Durante siglos, la humanidad ha acudido a escuelas en búsqueda de conocimiento, tanto en el mundo de las actividades seculares cuanto en el de los canales metafísicos y ocultistas. Sin embargo, EL CONOCIMIENTO NO UTILIZADO ES MÁS PELIGROSO QUE LA IGNORANCIA, porque con conocimiento vienen el karma y la obligación de tejer con la energía del individuo, una bendición a la vida proporcional al conocimiento dado. Mejor le hubiera resultado al individuo no recurrir a la fuente del conocimiento, que saciar la mente, el cuerpo etérico y el cerebro con más y más Ley, y luego seguir por el camino de los sentidos, tejiendo con la vida bella más de la disonancia que conforma la mortaja de atmósfera en la que vive, se mueve y es.

Cuando una persona asiste a una clase, trae su cuerpo mental lleno con siglos de acumulación de conocimiento —verdad y falacia. Todos los diversos "-ismos" que han ocupado las energías de una encarnación, constituyen un conglomerado masivo de pensamientos-forma. El Maestro tiene que hablar a través de la acumulación mental, esforzándose por anclar en el cuerpo mental siquiera un pensamiento que, mediante los sentimientos, puede ser desarrollado a una naturaleza mejorada y una mayor radiación de perfección.

Por otra parte, también está ese gran mar de emociones subiendo y bajando —¡nunca quieto! Cuán rico sería el estudiante si el gran mundo emocional *pudiera ser preparado para la recepción, no sólo de un discurso verbal, sino de la radiación* —¡y que todas esas mareas embravecidas fueran aquietadas!

Si el cuerpo etérico donde están acumulados

todos los agravios de las edades, pudiera también ser aquietado y la preciosa carne reposada y relajada, EN UN DISCURSO podría hacerse más que en cien donde el movimiento y la falta de preparación individual dificultan tanto el llegar mediante la energía, no sólo de los planos síquico y astral, sino del los múltiples cuerpos también.

Ustedes están hoy aquí en armonía. A través de esa armonía, estoy en capacidad de anclar la sustancia de Mi amor para ayudarlos en sus propias misiones particulares a la vida, de manera que sus dones y talentos puedan venir adelante y exteriorizarse para bendición de todos. Lo que hice en esos siglos pasado, les prometo que lo haré por ustedes, una vez en cada período de doce horas. Yo veo su patrón. Veo su parte en el gran plan eterno de las cosas. Veo el designio que el Maestro Ascendido Saint Germain se está esforzando en tejer basándose en las energías de unos pocos. Ustedes están entre los que Él ha escogido, aquéllos de ustedes que se ofrecieron de voluntarios para terminar el curso por Él cuando realizó Su Ascensión. Se ofrecieron de voluntarios a atar en sus propios cuerpos el don de la liberación, y a tejer con las energías de sus mundos liberación para toda la vida que ustedes contacten.

MAGNETO DE AMOR

¿Conocen ustedes la felicidad que viene cuando, amable e impersonalmente, pueden amar el patrón Divino en el corazón de otro? En la naturaleza pueden disfrutar de esto, porque no tienen la personalidad que saca de quicio. Con una relajación muy grande, pueden disfrutar de un bello amanecer, de un lago calmado, del canto de un pájaro o de las bellas flores de un jardín. Sin embargo, si lo desean, puedo ayudarlos a disfrutar, de la misma manera impersonal, de los tímidos retoños que emanan del corazón humano que busca la luz, esforzándose por pasar por la turbulencia del aura, con la esperanza del poder magnético del amor de alguna parte de la vida que le de fuerza y vitalidad a esos primeros esfuerzos.

¡Ojalá fueran ustedes ese magneto, y ayudaran a poner de manifiesto ese patrón y plan para otros! A veces les parece tonto, a veces las palabras vacilantes de un estudiante novato les resultan tontas a uno de mayor sabiduría... ¡PERO NOSOTROS NUNCA CONSIDERAMOS QUE SUS PALABRAS Y ESFUERZOS SON TONTOS! ¡Ojalá pudieran ustedes, impersonal y bondadosamente, nutrir todo el bien en todos aquellos que contacten, esforzándose por comprender las disciplinas a través de las cuales otra alma pueda estar pasando! ¡Oh, si tan sólo hubiera cien hombres de esto en la Tierra hoy, la victoria de Saint Germain estaría próxima, no cabe duda de ello!

IMPORTANCIA DE RAÍZ

Cuando la amada Caridad me estaba ayudando con mi Aplicación personal, Ella detectó en mi corazón infantil cierto sentido de frustración por ser la "flor de pared" entre tantas bellas y brillantes hermanas. Un día me dijo algo que fue realmente confortador y que permaneció conmigo toda mi vida. Ella dijo, "ahora, niña, LO ÚNICO QUE IMPORTA SON TUS RAÍCES. Cuando esas raíces se anclan profundamente en el conocimiento de Dios y en el amor por Dios; cuando en los sitios secretos y callados de tu propia alma esas raíces están desarrolladas con fe, pureza y amor de Dios... ¡LA FLOR DEL TRABAJO Y EL PERFUME DEL SER SERÁN APENAS UN EFECTO! Ustedes no necesitarán preocuparse de estos más de lo que una planta en crecimiento se preocupa del capullo que se abre. Las energías de esa planta están comprometidas en conectarse con la tierra y con los elementos que le dan su sustento, y a su debido tiempo, la flor aparece como un resultado natural."

De allí en adelante, dejé de buscar las obras

manifiestas en sí. Me propuse establecer mis raíces profundamente, hondo en el amor de Dios, en esa gran rendición a Su propósito, con la realización de que "uno con Dios, mayoría aplastante." De la mejor manera que me fue posible, encarné la misma Verdad que Jesús volvió a poner de manifiesto: *«Buscad primeramente el reino de Dios y su justicia, y todas estas cosas os sean añadidas.»*[2] Así fue en mi experiencia.

Hoy en día, ustedes también están plantando sus raíces hondo dentro de la llama de su corazón, de donde viene el sustento, el mismísimo latido de su cuerpo; de donde viene la sanación de su carne, de donde viene el suministro sobre su mesa y los techos sobre sus cabezas. En la medida que sus raíces estén ancladas en Dios, sin buscar ya más sustento espiritual externo, asimismo su flor se manifestará a todos los hombres. Lo que el hombre hace en secreto se manifiesta al mundo a su alrededor, que podrán leer quienes tienen ojos para ver.

Hablo hoy de corazón a corazón, de manera campechana, porque somos una familia, porque no hay duda, porque no hay enemigo en ustedes que tenga que convencer acerca de Nuestra realidad y propósito. Por consiguiente, esta noche somos uno en conciencia, una gran familia de luz. Es así como les hablo, escudriñando los profundos vericuetos de sus corazones, viendo allí las fuertes raíces en el centro, y las raíces nuevas que de ellas emanan. Veo ahora en sus auras la armonía manifiesta de esa futura flor. ¡Les digo, amados corazones, que estén de buen ánimo! Ustedes están creciendo en gracia, creciendo en luz y creciendo en amor. Hasta que su victoria sea completa, Yo estaré a su lado y con ustedes, así como también lo está mi gran maestra, la amada Caridad, quien es la encarnación del amor por la vida.

La humanidad llegará a ustedes, atribulada y

---

[2] Mateo 6:33.

confusa, con la esperanza estremeciéndose en su corazón. ¡Acuérdense de Mí... y libérenla a punta de amor! «*Amaos los unos a los otros como yo los he amado.*» Gracias y que Dios los bendiga.

INVOCACIÓN A LA AMADA LADY NADA

¡En el nombre y autoridad de la amada Presencia de Dios "YO SOY" en mí, invoco a la amada Maestra Lady Nada! Con todo el amor y gratitud de mi corazón, te doy gracias por tu bondadosa y amorosa disposición a ayudarme en la realización de mi Plan Divino. Como parte de tan maravillosa asistencia, te pido que coloques tu bella rosa rosada en mi corazón físico, esa rosa que es el símbolo y anclaje de Tu Amor Divino victorioso y compasión a través de mí, para bendecir toda la vida que contacte. Que cada doce horas haya un ímpetu adicional de tu amor y luz que hagan que esa rosa se expanda, al mismo tiempo que emite la fragancia de su ser y Tu sentimiento del amor de nuestro Padre por toda vida—animada e inanimada— a la familia humana y al reino de los cuadrúpedos (que no cuenta con palabras para orar).

¡Amada Maestra Lady Nada, deseo ser todo lo que Tú eres para toda vida, por doquier y para siempre! Envíame legiones de Tus ángeles del Amor Crístico Cósmico y de la Llama Rosa de la Adoración para hacerme y mantenerme victorioso por tu amor, en cada segundo, en cada día, en todo y de la manera que sea, en todo lo que haga, piense, oiga, sienta o diga, hasta que todos seamos enteramente ascendidos y libres.

¡Conscientemente acepto esto como hecho AHORA MISMO con pleno poder! ¡Que así sea, en Su nombre, "YO SOY"!

2

EL CUERPO EMOCIONAL Y SU ENTRENAMIENTO

(Febrero de 1959)

a ***autoridad para la calificación de la energía asignada*** a través de cada corriente de vida está investida, en su mayoría, en el cuerpo emocional; y la energía vibratoria que pasa a través de los cuatro cuerpos inferiores está más o menos basada en las ratas predominantes de vibración en la naturaleza emocional. Considerando que el cuerpo emocional es la fuerza dadora-de-vida a la energía mental, y que igualmente gobierna la actividad vibratoria de la forma física, todo estudiante aspirante en el sendero hacia la Maestría debería darle una cuidadosa consideración a este tremendo poder.

La naturaleza emocional de la humanidad a menudo actúa independientemente a través del momentum de *hábito*, y el individuo promedio no está más consciente *[aware]* de las calificaciones sutiles de la energía en su mundo emocional, de lo que está de las actividades del corazón o del sol. Sin embargo, la naturaleza emocional está en movimiento constante, y las características predominantes del mundo emocional irradian su actividad vibratoria a través de la mente, del cuerpo, del mundo y asuntos y ambiente de la corriente de vida, estableciendo el patrón de energía que siguen los electrones en TODOS los cuerpos.

El tratamiento espiritual del cuerpo emocional sólo puede resultar en una mayor ventaja para el alma que evoluciona (conciencia etérica). El cuerpo emocional, al ser el almacén de más de tres cuartos de la energía asignada a la corriente de vida, *puede convertirse en una tremenda presión de energía dinámica para traer a la manifestación algún pensamiento constructivo, deseo o plan;* pero las cualidades del cuerpo emocional determinarán la actividad vibratoria de la expresión resultante.

Invitar el rayo directo de cualquier Maestro Ascendido a que interactúe sobre (y establezca) pulsaciones de Sus cualidades en la naturaleza emocional, es cambiar la sustancia en sí de esa naturaleza; y, llenándola con Luz, la constituye en un poderoso depósito sobre el cual se puede girar cuando sea, cuando la necesidad aparezca; y el mundo emocional cuidadosamente entrenado e iluminado, fluyendo a través de los canales de la atención, iluminará y se manifestará en cualquier expresión particular que los procesos mentales controlados hayan atraído a un foco para ser energizados.

La luz, la pureza, la confianza, el regocijo, el júbilo, la fe, la fortaleza, el coraje y el poder de la naturaleza emocional hacen de la corriente de vida así dotada, un Maestro cuando la naturaleza emocional es dirigida por la Inteligencia Divina hacia el interior de canales específicos para un logro.

3

LADY NADA HABLA DE:

1.— EL DESARROLLO DE LA ILUMINACIÓN DIVINA PERSONAL

(Agosto de 1958)

Es con inmensa gratitud y júbilo que todos los miembros de la Hueste Ascendida de Luz aceptan cualquier cargo espiritual que la Ley Cósmica les ofrece, como una oportunidad para prestar un mayor servicio a toda la vida. Por tanto, con toda humildad, he ofrecido al Gran Tribunal Kármico mis energías para ser utilizadas en la expansión de la ministración amorosa tan bellamente expresada y libremente impartida por Mi ilustre predecesor, nuestro Hermano Jesús.

Al haber tenido el espléndido entrenamiento y experiencia de vivir en comunidades espirituales antes de Mi ascensión y, bajo la dirección de la amada Arcangelina Caridad, aprendí a traer conscientemente al ser, mantener y expandir la *armonía sostenida mediante la radiación de puro Amor Divino,* ofrezco ahora el momentum plenamente acopiado de Mi corriente de vida a todos y cada uno de los valientes chelas que actualmente conforman el punto focal de las energías espirituales que están siendo canalizadas a través de ellos, para beneficio de todos los miembros de tales comunidades o grupos. Quienes puedan aceptar este servicio específico que Yo puedo prestar (debido a haberlos desarrollado a lo largo de muchas centurias), me resulta muchísimo más fácil transmutar en luz las múltiples imperfecciones ocultas (así como también aparentes) que puedan encontrarse en los miembros de dichas comunidades o grupos.

Mi oferta se aplica en particular a los amados directores de santuario y de grupo, quienes voluntariamente asumen la responsabilidad de ayudar con la transmutación del karma destructivo todavía no propiciado de quienes están atrayendo a su alrededor, magnetizar alguna virtud específica de la Deidad, y luego descargando y expandiendo esa virtud en este mundo de la forma para bendición de todos. Claro está, el director de la comunidad o grupo recibe inspiración Divina en cuanto a cuál Virtud Divina habrá de magnetizarse en ciertos puntos sobre la superficie de la tierra, donde tales grupos están ubicados. Quienes sean atraídos a un director de esta índole ya habrán construido en sus cuerpos causales ciertas virtudes relacionadas, para enriquecer la totalidad de la actividad.

Amados Míos, recuerden siempre que el rayo y llama en sí magnetizado a través de su director espiritual es aumentado en poder y eficacia mediante la descarga de las energías desde los miembros del particular grupo o comunidad. Doquiera que uno o más miembros de dicha comunidad tratan de dominar o interferir con la dirección armoniosa del rayo y llama en sí tal cual lo magnetiza el director en cuestión, más que contribuir *impersonalmente* a su eficacia mediante el sostenimiento de un sólo propósito y designio, con toda seguridad tendrá lugar un conflicto temporal e inarmonía. Los individuos que se encuentren desarmonizados con su director de grupo o santuario, transmutarán sensata y rápidamente ese deseo de *auto-expresión*, a fin de proteger la armonía individual y colectiva de la unidad en su totalidad. De

LA INMORTAL LLAMA TRIPLE

lo contrario, si así lo desean, podrán invocar la Llama de la Iluminación para que los coloque en algún *otro* grupo o comunidad en la que sus energías puedan auto-expresarse constructivamente y en cooperación amorosa con otros.

Tal cual ustedes saben, ante la invitación del amado Serapis Bey de Luxor, Yo serví allí durante algún tiempo como una presencia armonizadora entre los esperanzados aspirantes, en Sus magníficos templos. Doy testimonio del hecho que, mediante el empeño de la voluntad humana y cierta arrogancia espiritual, muchos deseaban completar el curso riguroso de auto-disciplina en Luxor, mediante el cual sufrieron penurias indebidas porque no estuvieron dispuestos a transmutar su propia naturaleza humana. De haber esta gente buena seguido una disciplina menos ardua en otro retiro, hubieran sido más felices de por sí, e igualmente hubieran reducido las presiones y tensión sobre los aspirantes *calificados*!

[Nota: La Maestra Lady Nada hizo Su Ascensión hace más de 2,700 años]

2.— OBEDIENCIA A LA SANTA VOLUNTAD DE DIOS

(Septiembre de 1958)

A través de Mis propias experiencias, aún antes de Mi Ascensión, aprendí que la generación y proyección del puro Amor Divino a la Santa Llama Crística de cualquier corriente de vida no-ascendida causaba que esa llama expandiera sus virtudes, dones, poderes y bendiciones a través de la personalidad externa. Este servicio lo presté calladamente, con discernimiento, bajo la dirección de mi amada Gurú, Caridad *[Charity]*, y los frutos de Mi aplicación resultaron en la expresión armoniosa de la Santa Voluntad de Dios a través de aquéllos a quienes fui asignada a servir. Los benditos chelas que también pretenden ayudar a liberar los poderes de los Santos Seres Crísticos de toda la humanidad, están humildemente invitados a pedirme, así como también a la amada Caridad, que les demos Nuestro sentimiento de Amor Divino impersonal a los Santos Seres Crísticos de los individuos en sus ambientes inmediatos.

Luego, dichos chelas —humildemente y sin orgullo espiritual— podrán gozar (y gozarán) del desarrollo de esos talentos y dones a través de sus asociados. Así, los chelas califican para expandir sus servicios a una esfera mayor de influencia. Liberar la vida aprisionada a punta de amor es una de las más grandes alegrías que cualquier chela puede experimentar. La eficacia de dicho servicio y su radiación siempre-en-expansión será determinada por la humildad del chela utilizando esta Aplicación, y *permaneciendo callado cuando los frutos de sus labores se manifiestan. Regocíjense en las obras bien hecha, pero nunca, bajo la presión de naturaleza personal que sea, se revelen a sí mismos como el instrumento a través del cual la Santa Voluntad de Dios ha sido resucitada y exteriorizada —ya sea a través de sí mismos o de otros.*

3.— SILENCIO ACERCA DEL SERVICIO

(Abril de 1959)

Como una de los patrocinadores del año 1959, y también como una humilde asistente de Serapis Bey, hablo con autoridad cuando digo que ustedes pueden aprender cómo liberar impersonalmente toda vida aprisionada a punta de amor, haciéndola más confortable y perfecta en su expresión. Tal cual les he dicho a menudo, la experiencia personal que tuve me capacitó para ayudar al amado Serapis. Tuve que aprender a amar a la Santa Llama Crística primero en los corazones de los miembros de mi familia, hasta que desarrollaron ciertos talentos y virtudes latentes.

Uno de los mandamientos que me dio Mi maestra, la bendita Caridad, fue el de *nunca permitir que nadie se enterara del servicio que estaba prestando.* Muchos individuos que han alcanzado el desarrollo de diversas virtudes, se encuentran incapaces de frenar al ego externo del pecado de alardear acerca de su logro, y entonces el don, la virtud y la bendición desaparecen.

Estoy dispuesta a ayudarlos, amados Míos, a que aprendan ahora esta Ley de Servicio Impersonal para toda vida aprisionada. Es más, estoy dispuesta a ayudarlos a superar la inflación de la personalidad externa que se da debido a éxitos temporales. En la bella rosa rosada —pensamiento-forma simbólico de 1959— muy felizmente descenderé al aura de ustedes, de hacerme la invitación correspondiente, y les daré la asistencia de la energía que era y es Mía para ofrecer.

4.— EL PODER DEL PURO AMOR DIVINO

(Junio de 1959)

La mismísima palabra "Causal" denota que se trata del vehículo de causación de bien. Por tanto, todo aquel que desea hacer más bien de toda índole en sus mundos o para una bendición planetaria encontrará ese almacén de bien en su propio Cuerpo Causal, de donde —bajo las necesarias disciplinas anteriormente descritas— pueden magnetizarse e irradiarse las bendiciones de sus propios mundos y de las masas.

En este año en particular, dedicado al Amor Crístico Cósmico, y mientras tengo el privilegio de ser uno de los padrinos para el desarrollo espiritual de los chelas diligentes, sabiamente puedo recomendar que utilicen jubilosamente el poder del Puro Amor Divino (el cual es Mío para dar) a fin de desarrollar la simetría de sus Cuerpos Causales y la descarga de sus poderes en esta hora cósmica.

5.— DETECTANDO LA INTEGRIDAD DE TU INSTRUCTOR

(Julio de 1959)

En vista de que, en este año 1959, es mucho lo que deseamos liberar la vida aprisionada a punta de amor, invocamos toda la Fe de Dios y Su bondad, y la dirigimos en, a través y alrededor de todo chela cuyos *motivos* sean honestos, fervorosos y sinceros. De esta manera, aún si están enamorados de su propia importancia personal para la expresión del reino del cielo de Dios aquí en la Tierra, las fuerzas destructivas visibles o invisibles que interactúan con su fe pueden ser rápidamente disueltas. Ese es nuestro servicio a Dios, a Sus mensajeros Divinos y a toda la vida aprisionada que pertenece a la Tierra y sus evoluciones acompañantes. Cuanto más progresa un individuo sobre el *VERDADERO* sendero espiritual, tanto más humilde y desprendido se vuelve. Esta es una buena guía en cuanto a determinar la integridad y honor de tu instructor.

6.— PROTECCIÓN Y GUÍA PARA MADRES SOLTERAS

(Agosto de 1959)

El Amor Divino es una actividad de misericordia y compasión, que es el SENTIMIENTO de la amada Kwan-Yin, quien ha servido durante eras en el descuidado campo de proteger y guiar las madres solteras, eliminando la causa y núcleo de burla de la ilegitimidad, y estimulando un interés en los niños recién nacidos. No es necesario *conocer* los individuos para quienes ustedes invocan las Legiones de Misericordia y Compasión de Kwan-Yin. Sin embargo, sí es un requisito que ustedes sigan Su ejemplo dando la asistencia de sus propias energías en este proceso redentor.

Recuerden siempre que la *curiosidad* en cuanto exactamente a quiénes han ayudado y cuándo tuvo lugar esa asistencia, es otra *prueba* sutil en el sendero espiritual. El deseo fervoroso de liberar la vida a punta de amor sin ningún pensamiento de recompensa espiritual, debería ser el poder motivador de todo Servicio Divino... ¡y particularmente del que estamos hablando hoy!

7.— PAZ A TRAVÉS DEL AMOR

(Septiembre de 1959)

Una de las maneras de estar en paz es amar a la Vida Divina dentro de la persona o circunstancia que te saca de quicio. Esa fue la lección que aprendí en Mi niñez, la cual, como algunos de ustedes recordarán, no fue feliz ya que Yo pensaba que no era tan talentosa como mis tres hermanas, lo cual me hizo sentir tímida y retraída. Pero todo esto cambió después de la serie de visitas que recibí de parte de ese Gran Ser Cósmico, Caridad, quien me enseñó la lección de amor... ¡y eventualmente me condujo a los pies de Serapis Bey, Jerarca de Luxor!

8.— LADY NADA, CHOHÁN DEL SEXTO RAYO

(Octubre de 1959)

Encontrar a Dios dentro de sí mismo es el propósito de la encarnación, y la única manera de regresar *a Casa* al estado natural de bendición, paz y poder que dicha conciencia Divina trae.

4

EL AMOR DIVINO, CEMENTO DEL UNIVERSO

Discurso descargado a través de Geraldine Innocente, pero publicado después de su fallecimiento el 21 de Junio de 1961

mados Míos, el Amor Divino es la actividad más poderosa en este universo, ya que es el poder cohesivo que sostiene a cada electrón en cada átomo que compone todas las formas —Divina o humana— y ese poder cohesivo en el corazón del átomo es Amor Divino, sea que se encuentre en un ser humano, en un Maestro Ascendido, en un sistema solar, una galaxia o donde sea.

Este poder de Amor Divino que esgrimen los Maestros Ascendidos, es la actividad mecánicamente más precisa del uso del Fuego Sagrado para mantener juntas unidades, sea de individuos a quienes deseas ayudar atrayendo adelante bendiciones para la humanidad —trátese de los asuntos de tu hogar, de toda una nación o del planeta en sí. Esta actividad de atraer el poder cohesivo del Puro Amor Divino desde tu corazón al mismísimo centro de la unidad que sea sobre la cual quieras sostener un foco armonizado, te dará una prueba práctica de Nuestra presencia en este universo y Nuestra disposición a ayudarte en todo momento.

A algunos individuos parece resultarle difícil amar impersonalmente. Si así te sientes, invita entonces a uno de Nosotros que somos el momentum cósmico plenamente acopiado de ese Amor, para dirigirlo a la Llama en tu corazón, y permítenos amar *a través de ti* y liberar a esa vida a punta de amor.

En un Retiro de Maestro Ascendido, a los individuos se les prepara para pruebas tanto sutiles cuanto aparentes, y siempre hay a su lado un Maestro Ascendido, Gurú o guía. Ustedes, que están recibiendo sus *pruebas* —tanto sutiles como aparentes— en los grupos, en sus hogares y en el mundo en general, a menudo olvidan que *ESA MISMÍSIMA EXPERIENCIA POR LA QUE ESTÁN PASANDO ES UNA OPORTUNIDAD DISFRAZADA PARA UTILIZAR EL PODER QUE MENOS EVIDENTE ESTÁ EN SUS CORRIENTES DE VIDA,* magnetizar a través del Llamado a los Seres en ese Rayo que es el que más se necesita, atraer esa Llama y cualidad a sí mismos y a la condición.

Quiero enfatizar, primero, que el Amor —el verdadero Amor y no lástima (que es negativa y te conduce a la zozobra)— *es el poder que mantiene junto el universo.* ES el poder que Magnus y Polaris utilizan para mantener el eje de la Tierra en su movimiento al tiempo que se endereza. Es el poder de Amor Divino contenido en la Cetro Cósmico al cuidado del Señor Gautama y del Señor Maitreya, que mantiene a los diez millardos de almas en la órbita de la Tierra, y los tres y medio millardos de almas en la Tierra mediante lo que la ciencia denomina la "ley de gravedad". De otra manera, la gente saldría volando por el espacio sideral.

¡El amor del hombre por el hombre no se compara con el amor de Dios por el hombre! El amor de Dios Padre-Madre por ti ha sido el tirón constante que ha mantenido tu columna vertebral erecta, que ha impedido que la humanidad se convierta en criaturas supinas como los cuadrúpedos que tienen que caminar en cuatro patas. ¿Qué es ese poder? ES el poder magnético del Amor Divino desde la Deidad [Godhead] que, polarizado a través de ti, ha mantenido erecta tu columna por más que a veces el peso de la creación humana tienda a doblarla un poquito. Si alguien te amara lo suficiente como para darte un cuerpo erecto y una columna recta, así como también la capacidad de hablar y pensar y sentir, ¿acaso no puedes amar a quienes se ven forzados por la creación humana a caminar en cuatro patas... u ocho... o doce según sea el caso, y transmutar esa creación humana mediante el uso del Fuego Violeta, hasta que se yergan erectos en sus reinos respectivos —bellos y perfectos como lo fueron cuando la Tierra fue inicialmente creada, y cuando los seres de la Naturaleza los diseñaron sin ninguna forma imperfecta o distorsionada?

DIRECCIÓN DE LA EMISIÓN

El Amor comienza en el centro y se expande hacia afuera, tal cual lo hace toda virtud duradera, no desde afuera hacia adentro. Todo lo que habrá de durar y perdurar, aún la mismísima sustancia de la tierra, comienza desde adentro y sale hacia afuera. Esa es la razón de que el Dios que te hizo creara la Santa Llama Crística *dentro de ti,* de manera que pudieras tener un buen centro; y al éste expandirse y expandirse, tú te conviertes en la plenitud del mismo aquí en la Tierra.

La precipitación que se pondrá de manifiesto hará de la Tierra un Reino del Cielo, y no será manifestado a las masas hasta que se eliminen la avaricia, el egoísmo y el deseo de aferrarse a las expresiones bellas y magníficas.

Puedes probarte muy fácilmente y sin decir palabra a otra alma viviente: auto-pruébate en algo bello, algo muy bello y no algo con lo que generalmente se te asocia. Tómate dos minutos y *AQUIÉTATE*;

reconoce el artículo de belleza, y entonces... ¡siente tu reacción! ¿Es sólo amarla, o es un deseo de tenerla para ti? Si introspectivamente eres lo suficientemente honesto, pronto aprenderás cómo amar y disfrutar de la belleza de la vida, disfrutar atrayendo adelante esa belleza para bendición de otros... ¡y disfrutar plenamente lo que regresará de vuelta a ti! *CUANTO MÁS AMES, TANTO MÁS ESTARÁS RODEADO DE BELLEZA, Y TANTO MÁS EXPRESIONES AMOROSAS DE VIDA ENTRARÁN A TU MUNDO.* ¡No hay nada en este ámbito no-ascendido que el mundo necesite más que AMOR DIVINO! Te doy el amor que sobrepasa el entendimiento de la mente humana, el amor que puede sentirse en los corazones de todos los que son sinceros.

5

SOBRE LA PRECIPITACIÓN

Discurso descargado a través de Geraldine Innocente, pero publicado después de su fallecimiento el 21 de Junio de 1961

emos aprendido que el hombre ha estado precipitando a través de las mismísimas facultades de la Deidad desde el principio de los tiempos, pero la manipulación dirigida *conscientemente* de los procesos de pensamiento y sentimiento... ¡es Maestría! Puedes ver ahora partiendo de esos cuentos que has leído con reverencia concernientes a la habilidad de un Maestro de crear condiciones de manera aparentemente milagrosa, cómo estas maravillas pueden convertirse en una experiencia diaria y natural en tu plan de vida.

El plan de vida del individuo promedio es una serie incierta de experiencias que resultan de la falta de control de los procesos de pensamiento, energizadas inconscientemente por las presiones del mundo emocional, y catapultadas a la expresión.

La actividad natural de toda corriente de vida consiste en dirigir conscientemente sus facultades de visualización de acuerdo a la sabiduría de su Santo Ser Crístico, y recortar de la Sustancia-Luz Universal el patrón y forma que desea expresar —luego, pasar la energía de su mundo emocional a través de este patrón detallado y diferenciado de manera calmada y sin esfuerzo pero persistente, hasta que el designio interno se manifieste.

Cuando se crea un cáliz dorado, primero se hace un molde de sustancia fuerte, y luego se vierte el oro en el molde. De esta manera, el cáliz se forma primero y luego se quita el molde; y esto es hecho de manera metódica y sin tensión. Los procesos de pensamiento y sentimiento del hombre pueden ser controlados exactamente de la misma manera científica, y la ciencia de la precipitación obtenida mediante la práctica traerá manifestaciones más rápidamente.

APÉNDICES

ELOHIM TRANQUILIDAD

APÉNDICE I

CÓMO CONTACTAR A LOS MAESTROS

(Agosto de 1952)

ntre la gente de la Tierra, hay individuos que han escogido cultivar la amistad y asociación de ciertos Seres liberados o perfectos; y al escoger contemplar las vidas de estos Seres liberados, al estudiar Sus palabras cuando tales están disponibles, al contemplar Sus imágenes o meditar sobre Sus focos individuales de inteligencia, dichos seres humanos absorben la vida, la radiación y la sustancia del Maestro que son lo suficientemente sensatos como para contactar, mediante el medio mágico de su pensamiento y sentimiento.

Tú puedes cultivar la amistad de un Maestro con mayor facilidad de lo que puedes hacer una amistad humana entre hombres, porque, en un instante, estás siempre conectado con el Maestro mediante el medio de pensamiento y sentimiento. Los cuerpos humanos, atados por tiempo y espacio, necesitan contacto personal para disfrutar de una asociación, unos con otros.

APÉNDICE II

Hogares y Retiros de los Maestros de Sabiduría

EL RETIRO EN SUVA

ABIERTO DEL 15 DE OCTUBRE AL 14 DE NOVIEMBRE DE 1952

[La importancia de esta sección — Una de las razones importantes de familiarizar a la humanidad con los concilios donde la Llama está más activa en un momento dado en el ciclo de la Tierra, es que las energías de cada visitante pueden convertirse en parte de la expansión de esa Llama, y cada persona interesada es "combustible" para el fuego.

Cuanto mayor sea la concentración del don que siempre resulta de algún beneficio para la raza, naturalmente tanto mayor será la bendición individual para cada parte componente —cuanto más brilla el fuego, tanto mayor será su regalo de luz.]

En el lecho del Océano Pacífico reposa el una vez majestuoso continente de Mu. Sólo los picos de sus más altas montañas, de tiempo en tiempo, sobresalen de las aguas, conformando las islas tropicales de los archipiélagos del Pacífico Sur. Una de estas islas es el santuario espiritual y foco de un gran Ser Cósmico, cuyo servicio a la Tierra y a la gente se proyecta hacia atrás al tiempo no registrado, cuando Mu acunaba a la Tercera Raza-Raíz y a los precursores de la Cuarta Raza-Raíz, bajo la guía y dirección del Maestro Himalaya, Manú del cuarto ciclo evolucionario.

La Hermandad de Suva ha dedicado sus energías vitales a la expansión y dirección del poder y presencia del Puro Amor Divino. Se les conoce como la banda protectora de individuos conscientemente dedicados, y muchas almas excelsas que han desaparecido en la vastedad del Océano Pacífico han sido rescatadas por esta Hermandad, y están siendo ahora preparadas desde dentro de este santuario para servicio en la Nueva Era.

Olas extremadamente altas hacen invisible a esta isla, excepto cuando los seres inteligentes que allí habitan escogen abrir las puertas de su hogar por un servicio especial. Muchos son los cuentos narrados por gente de mar que, en grandes crisis y situaciones extremas, han visto aparecer repentinamente ante ellos una "isla mística", la cual les ofrece seguridad y protección de los elementos que parecían estar dispuestos a destruirlos y hacer naufragar su navío.

LÍDER SACERDOTAL

Cuando el continente de Mu hubo alcanzado el ápice de sus poderes, los líderes espirituales del momento enfocaron y sostuvieron las corrientes espirituales sobre puntos específicos sobre la superficie de tierra del continente. El líder de estos sacerdotes era un individuo de gran luz y poder, y su templo estaba ubicado en la montaña que hoy conforma la Isla de la Hermandad de Suva. A este Ser se le conoce como el señor Surya. Su santuario custodiaba el rayo dirigido desde el Sol Central que conformaba el puente sobre el cual las Razas-Raíces Tercera y Cuarta entraron a la encarnación.

Cuando la discordia de la mayoría de la gente forzó la actividad cataclísmica sobre Mu, cubriéndolo con su manto y hundiéndolo bajo las olas del Océano Pacífico, a Surya se le otorgó una dispensación mediante la cual podría mantener una conexión con el escenario mundial más nuevo a través del mantenimiento del santuario isleño de Suva y su rayo dirigido, de manera que cuando la gente de Tercera y Cuarta Raza-Raíz estuviera lista para su Ascensión, pudiera subir al Corazón de Dios sobre el mismo puente a través del cual descendieron a la encarnación.

APARIENCIA DEL RETIRO

En apariencia, la isla mística no se diferencia en nada de las bellas islas tropicales de los archipiélagos de Hawaii o Fiji. Cuando los mares montañosos que conforman un anillo impenetrable a su alrededor se aquietan —producto de la voluntad dirigida de la Hermandad—, la isla se ve con una exuberante joya verde, las blancas arenas de cuyas playas la separa del profundo azul del mar circundante. El espectacular verdor tropical y follaje es enfatizado por la simetría de las montañas claramente definidas que se estiran, cual dedos que señalan, hacia el Dios Sol de los cielos.

Las habitaciones de los Hermanos son extremadamente sencillas, mezclándose con la belleza natural de la tranquila presencia de la isla. Toda la atmósfera de la isla exuda una paz extrema, y las tensiones y pugnas que parecen tan importantes a la mente del mundo externo son aquietadas aún antes de que el visitante ponga pie en la playa en sí.

Entrar al aura y atmósfera de Suva es encontrarse desconectado —temporalmente— del tirón de los sentidos, y habitar por un tiempo en esa autocomunión y contemplación tan necesarias para adquirir la Auto-Maestría y logro en el sendero espiritual.

Debido a la proximidad de los Días Santos, y a la invitación de los hijos de los hombres a entrar al santo santuario en Shamballa, los Señores del Karma han pedido a la Hermandad de Suva que sean anfitriones a la gente de la Tierra desde el 15 de Octubre al 14 de Noviembre inclusive, en un empeño por prepararlos —mediante esta paz interna y tranquilidad— para entrar a los salones de Shamballa y absorber sus bendiciones cósmicas al inicio del los días del festín navideño.

La radiación desde la isla mística es un poder concentrado de amor, paz, tranquilidad y opulencia, y la humanidad de la Tierra que dirija en estos momentos su conciencia y atención a este Retiro y al gran Ser cósmico, Surya, sentirá un tremendo efecto aquietador en sus cuerpos internos, el cual será igualmente absorbido por sus cuerpos físicos, si es capaz de aceptar su presencia palpable de vida dentro de ellos.

APÉNDICE III

ALAS DE LUZ

por V.F. Angelday

(Noviembre de 1952)

egiones de ángeles de belleza magnificente, felicidad gloriosa y verdad toda-reveladora te acompañan ahora, al tiempo que volvemos a reunirnos sobre el "puente de vida" para una alegre visita, y plegando sus grandes alas de luz y amor a tu alrededor, te hacen *sentir* y *saber* siempre Su gran realidad en este universo, y Su gran deseo y disposición a bendecirte y servirte. ¡Este es el gran propósito de Su existencia! Ellos fueron creados por Amor Divino, como amigos de luz para ti, con la intención de guiarte y custodiar tus pasos de evolución espiritual al subir por la escalera de perfección de la vida, hasta llegar y entrar por la puerta abierta del Amor de Dios, a la paz eterna y vida sempiterna.

Lo único que Ellos requieren es de tu llamado sincero para responder *al instante* y darte *libremente*, a través de los sentimientos, *TODO* lo que Ellos son y han sido por siempre. Por tanto, diligente y amorosamente los invoco a que vengan a ti *ahora*, en este instante, y permanezcan contigo, haciéndote *sentir* Su presencia de ahora en adelante, hasta que regreses al corazón del Padre desde donde saliste.

Vivimos en una era de velocidad, acción, producción... ¡y prueba! ¡El viejo orden de las cosas, particularmente en religión, ha llegado a su final! La vieja "fe ciega" y los "saltos en la oscuridad" no serán suficientes para las generaciones de hoy y de mañana. "El sitio feliz, lejos, bien lejos" acerca de la cual solíamos cantar, es un pobre confort cuando requieres de las necesidades de la vida para vivir, en *esta tierra*, en *este* momento. Ese "sitio feliz" puede (y tiene que) ser manifestado aquí mismo en tu experiencia diaria, a fin de ser una prueba viviente para ti. *Nada es prueba para ti excepto tus propios sentimientos. Puedes tener esa prueba ahora mismo o cuando lo desees.* De manera que si tienes la amabilidad de cerrar los ojos por un momento —*ahora mismo*—, piensa en los ángeles de la mejor manera que puedas visualizarlos en tu mente. Velos justo frente a ti y a tu alrededor, *aceptando* y *sintiendo* Su paz y Su amor, los cuales pueden ser tuyos por siempre si los aceptas. Sólo permanece quieto durante algunos instantes hasta que *los sientas*.

VIDA, AMOR Y LUZ

Estoy seguro de que ahora estamos de acuerdo con que Dios es vida, y que la vida es amor y luz. Los tres son sinónimos. Todo lo que parezca no ser luz no es la plenitud de la vida, y lo que parezca ser lo opuesto de la vida en el mundo externo de la forma es lo que se denomina "muerte". En realidad, la muerte no existe en ninguna parte del universo. La susodicha "muerte" es meramente un cambio de forma. La vida es lo más *real* que hay en el universo, y la *realidad* es eterna ("e" significa *sin*, y "terna" significa *tiempo*). De manera que la vida, la luz y el amor son eternos —por siempre— siempre lo han sido y siempre lo serán, y de su sustancia de ser todo lo que existe fue hecho.

Nada que no sea luz, vida y amor dura para siempre. Eso que se considera muerte es meramente una desintegración de sustancia, lo cual cambia la forma; y esa forma, a su debido tiempo, aparece de nuevo, y de nuevo en un diseño más o menos perfecto, hasta que finalmente alcanza la perfección, el plan y el motivo de su existencia —¡el Plan Divino realizado! ¡Sólo entonces se habrá hecho la Voluntad del Padre!

Hasta que volvamos a encontrarnos de nuevo, invoco estas "alas de luz" a que cariñosamente te cuiden y cuiden a tus seres queridos, y te den toda cosa buena y perfecta.

APÉNDICE IV

TÓMATE EL TIEMPO PARA SER SANTO

por V.F. Angelday

(Junio de 1953)

h Dios, dame paz!” ¿Saben ustedes, queridos amigos, qué representan esas pocas palabras? Pues, representan la oración más rezada por la humanidad de esta Tierra en todo clima, por toda raza, en todo idioma. Muy a menudo, estas palabras no son siquiera pronunciadas, sino que se elevan como el silente clamor del corazón del individuo en medio de su zozobra.

¿No les resulta extraño que una cualidad y condición de vida TAN deseada sea tan difícil de obtener y sostener tanto por el individuo como por las masas? ¿Por qué es esto? Quizás porque no estamos buscándola en el sitio correcto. En nuestras experiencias diarias de vida, cuando necesitamos o queremos algo, doquiera que sea posible vamos donde SABEMOS —o, al menos, PENSAMOS— que puede encontrarse. Alguien dijo, “si la perspectiva *[outlook]* no se ve bien, trata mirar hacia arriba *[uplook]*,” y esto nos da una guía en cuanto al sitio donde podremos encontrar paz. ¿Por que será que cuando el dolor y la congoja casi llegan al punto de tornarse insoportables, el sufrido individuo invariablemente mira HACIA ARRIBA? Pues, porque el corazón sabe instintivamente que arriba de nosotros está la paz —Ley Divina y Orden Divino, y singularidad de propósito para hacer la Voluntad de Dios, bendiciendo a toda la vida con paz.

Prescindiendo del pensamiento, sentimiento o creencia religiosa de cualquier persona en la Tierra, ¿existe alguien que pueda pensar en PAZ y no identificarse simultáneamente con el amado Jesús, quien, en su diario bregar en sí, puso de manifiesto esta cualidad hasta el punto en que se convirtió en la encarnación de la misma y se le llama el "Príncipe de la Paz"? Jesús logró esa perfección, aquí mismo en un cuerpo físico en el mundo de las apariencias físicas, y dijo, *«las cosas que yo he hecho ustedes las harán también.»*[3] Por consiguiente, si el amado Jesús alcanzó ese estado de conciencia aquí en la Tierra, también puede lograrlo todo aquel que lo desee. ¿Cómo? Pues, haciendo lo que Él hizo. Recuerden las palabras del viejo himno, "Él es el gran ejemplo y patrón para mí". Un patrón que se sigue correctamente le dará a todo aquel que lo utilice el mismo resultado, por lo que, ¿qué mejor patrón podríamos seguir que el de uno que se ha convertido en la cualidad en sí, de lo que deseamos?

Nuestro bendito Maestro dio reconocimiento constante al Padre primero, antes de tratar todo lo demás, y se pasaba definitivamente un tiempo durante el día en que ponía su ATENCIÓN indivisa en el "Padre", como el llamaba a su propio Ser Divino. La palabra "atención" es el secreto de todo esto, ya que, ¿qué puedes tener o SABER en tu vida sin poner tu ATENCIÓN sobre ello? Tu atención es tu conciencia —esa corriente de energía que fluye en y a través de tus cuerpos, mente y mundo, la cual anima tu forma física, te permite vivir, pensar, sentir y en general tener tu SER? En resumen... ¡la conciencia ERES TÚ! Todo aquello con lo que tu conciencia se conecte, en ese

---

[3] cf. Juan 14.12.

instante comenzará a fluir a tu mundo y allí se manifiestará; y con la concentración suficiente, hasta se estampará sobre la carne de tu cuerpo en sí.

Puede que ésta sea una ilustración burda, pero tu atención es como una manguera que, al estar conectada a una pluma de agua, llevará la nueva vida contenida en el agua al césped seco ubicado a cierta distancia, reviviéndolo mediante el don de su propia vida. Sin la unión del césped con el agua mediante la manguera, no podría lograrse bien alguno. Pues, igual ocurre con la atención —al darle tiempo cada día a la contemplación del Príncipe de la Paz, esto nos conecta definitivamente y de una vez con Su conciencia, LA CUAL ES PAZ, por lo que fluye en, a través y alrededor de nosotros, y también nos da paz.

Muy poca gente se toma el TIEMPO para hacer esto porque el mundo en que vivimos hoy no te dejará hacerlo. TIENES QUE TOMARTE EL TIEMPO para hacer esto — "tómate el tiempo para ser santo", y a medida que establezcas este hábito en tus sentimientos, no desearás descontinuarlo ya que será el momento más feliz de tu día. Cuando hayas atraído lo suficiente de Su Sentimiento de Paz a ti, éste hará por ti exactamente lo que hizo por Él, te sacará de todo lo humano y te llevará a todo lo Divino —a esa maestría que se pretendía expresaras desde el principio. Hay legiones de ángeles de la Paz Crística Cósmica, y a éstos invoco fervorosamente para que te rodeen AHORA MISMO y habiten contigo, sosteniendo y expandiendo tu paz por siempre.

APÉNDICE V

ÁNGELES MINISTRADORES

POR EL AMADO ARCÁNGEL URIEL

27 de Septiembre de 1957

(Diciembre de 1957)

O SOY Uriel, Arcángel de la Ministración, y he venido a ustedes hoy en respuesta al llamado del corazón de ciertas corrientes de vida encarnadas aquí que están sinceramente interesadas en poner de manifiesto la liberación eterna del planeta en el que actualmente viven.

Nuestra razón de ser y servicio a la vida consiste en ***ministrar a cualquier parte de la creación que requiere asistencia***, especialmente ahora en el re-establecimiento de la armonía natural y actividad vibratoria superior de la Tierra en sí, así como también la de los vehículos de expresión utilizados por las evoluciones de la Tierra en estos momentos. Esto culminará en la realización del Plan Divino de Perfección, el cual eventualmente se manifestará a través de las corrientes de vida individuales, la vida elemental que aquí evoluciona y a través de las esferas del mismísimo planeta en sí.

MINISTRACIÓN ANGÉLICA

Amados Míos, podría decir que la actividad de ministración a la cual tan amorosamente dedicamos nuestras vidas, representa mucho más de lo que el individuo promedio piensa cuando ya sea se refieren a un ángel ministrador o lo contemplan.

En primer lugar, en el ángel ministrador está la VOLUNTAD DE SERVIR hasta que todo el mundo de la corriente de vida a la cual el ángel se ha autodedicado, esté en total armonía. Ahora bien, están los ángeles ministradores que tratan con sólo una corriente de vida al tiempo, y aún eso representa un gasto de tiempo y *energía*, y bastante en el cuando se considera que una corriente de vida que necesita tal asistencia ha construido las causas de su propia zozobra (para la transmutación de la cual ahora requiere de la asistencia del ángel) durante millones de años en la búsqueda de lo que ella denomina "felicidad")

Como pueden ver, para que se le permita prestar este servicio, ese ángel ministrador tiene que *personalmente desear hacerlo*. Ese ángel es un ser de libre albedrío, por lo que tiene que *ofrecerse* a servir. Cada individuo aquí presente hoy y todo miembro de la raza humana todavía no-ascendida (esto, por supuesto, incluyendo a todos los "rezagados" que vinieron aquí desde otros sistemas, y a cada espíritu guardián que vino a dar asistencia a la Tierra) cuenta con uno de estos ángeles ministradores que se ha ofrecido de voluntario a servirle desde el principio de su evolución aquí, permaneciendo con él hasta completar su viaje. *Hace mucho tiempo, ese ángel ministrador hizo ante Helios y Vesta, el voto de servir a una corriente de vida particular hasta que ésta lograra su ascensión.*

DESARROLLO ANGÉLICO DEL DISCERNIMIENTO

Segundo, ese ángel ministrador tiene que DESARROLLAR SABIDURÍA en su trato contigo porque, primero que todo, tuvo que familiarizarse contigo y con tu mundo. En vista de que tú también eres un ser de libre albedrío, ese ángel no sabía por adelantado precisamente qué momentums tú ibas a desarrollar que le darían a él la oportunidad de expandir su luz. A media que desarrollabas tus tendencias, él no tenía forma alguna de saber precisamente cómo habías de reaccionar a la ministración, ya que hay muchos individuos cuyas naturalezas tienden a rechazar la ministración, si (y cuando) se dan cuenta de que se les está dando.

Es así como se desarrollan las facultades discriminativas del ángel, mediante la asociación con una corriente de vida. En algunos casos, ese ángel aprendió que lo mejor sería ministrar al individuo — aún a pesar de la congoja (emocional, mental, etérica y física) que esto pueda producirle— ¡*mientras que la persona duerme*, de manera que la mente consciente no sienta la corriente de energía sanadora del ángel!

Por el contrario, donde haya alguna cooperación entre la corriente de vida y el ángel ministrador, la asistencia podría darse durante todo el día, tal cual fue el caso con la amada María, madre de Jesús, y con el mismo Jesús, como también con el amado Saint Germain (en particular en su encarnación como San José) y muchos más de esos que no sólo reconocieron y reverenciaron a la Hueste Angélica, sino que *conscientemente* acogieron su servicio también.

Luego, el ángel ministrador tuvo que expandir su SENTIMIENTO DE AMOR DIVINO por la Inmortal Llama Triple de Dios que sostenía el patrón Divino de perfección dentro del corazón de la corriente de vida a la cual se había ofrecido a servir. Tuvo que desarrollar un tremendo momentum de ese Amor el cual, a lo largo de las eras, le ha dado y aún le sigue dando la paciencia infinita para continuar sirviendo a una personalidad que tan a menudo se resiente y rebela contra lo que ese individuo considera una interferencia con su uso del libre albedrío, resintiendo hasta la ayuda del ángel que puede ver mucho más adelante y ver qué zozobras le corresponderán al individuo, de permitírsele seguir en su propio curso de tendencias destructivas. De manera que estos ángeles ministradores de Mis legiones han desarrollado momentums tremendos de Paciencia Divina al tratar con la humanidad no-ascendida.

Aún en la experiencia del mundo exterior, ustedes saben lo que un sentimiento de rechazo o fuerza repente le hará a su propio sentimiento de gozo en servicio. De manera que en un bello salón a Niveles Internos, a estos ángeles ministradores se les enseña cómo atraer y sostener estos sentimientos de Compasión Divina, Paciencia y Comprensión. Aquí aprenden que las personalidades de aquéllos a quienes están tratando de servir podrán reaccionar a su ayuda de muchas, pero muchas maneras. Sin embargo, también se les enseña que su responsabilidad consiste en ser capaces de mantener sostenida nuestra bella Llama de la Paz (el regalo y la actividad del Sexto Rayo) y donde y cuando sea posible, pasar esa Llama a través de las energías de la corriente de vida a la que están asistiendo, compeliendo a Dios a manifiesta la paz allí.

CONCEPTO INMACULADO SOSTENIDO

Ahora, también, los ángeles ministradores tienen que recordar las actividades del Cuarto Rayo, sosteniendo dentro de sí una conciencia de la PUREZA del "concepto inmaculado" para el individuo al que están sirviendo, y no enredarse en un deseo de cambiar el tema de su servicio dedicado ministrándole a otro. Verán, a veces, cuando un ángel de nuestro ámbito, alegre y enteramente libre, vé a alguna alma estupenda comparecer ante los Señores del Karma, ofreciéndose a convertirse en un espíritu guardián para los que aquí evolucionan, es muy fácil para ese ángel decir, "con gusto iré con esta persona y le ministraré. Permaneceré con él hasta el final de su viaje, ya que tiene un magnífico Cuerpo Causal (los momentums acopiados del propio bien acumulado hasta ese momento) y tiene mucha oportunidad para prestar un gran servicio." Luego, por supuesto, siempre anhelante de tener esta asistencia para una corriente de vida, la gran Ley acepta la oferta del ángel.

Pero, *después de varios millones de años de dicho servicio a esa corriente de vida*, el ángel ministrador todavía tiene que estar en capacidad de sostener su entusiasmo original para servir a dicho individuo con el bello Cuerpo Causal, sosteniendo el "Concepto Inmaculado" para su "ahijado" con la esperanza de una eventual manifestación de esa perfección a través de una forma física, así como también de los otros tres cuerpos inferiores que, también se han desintegrado un poco de la magnificencia del cuerpo de luz en que el ángel vio por primera vez a esa persona a Niveles Internos. Aquí, las actividades de Re-Consagración por el amado Rafael juegan un papel importantísimo en sostener la constancia de ese ángel, manteniendo sus sentimientos entusiastas, sus energías optimistas y dispuestas a servir. La única vez en que estos ángeles ministradores tienen una liberación temporal de la corriente de vida a la que están sirviendo, es durante el lapso en que sea persona podrá estar en el "Ámbito de los Durmientes" durante algún tiempo entre encarnaciones. Entonces, pueden contar ellos con un sustituto que custodie y ministre al cuerpo etérico por ellos, mientras que el alma duerme.

Esto les dará alguna idea de la tremenda tarea de estos ángeles ministradores porque, tan pronto como el alma recobra la conciencia (después de su "descanso" en el "Ámbito de los Durmientes") y sus mundos de pensamiento y sentimiento vuelven a activarse —de esta manera creando karma— es responsabilidad del ángel ministrador estar a la mano para darle asistencia a esa alma, tratando constantemente de mantener tanta paz como sea posible para él. Estos ángeles ministradores también necesitan CONCENTRACIÓN. ¿Creen ustedes que es fácil trabajar casi continuamente con una corriente de vida durante literalmente millones de años? ¡Considérenlo! Es un caso de prisión voluntaria por amor, lo cual no tiene comparación.

Verán, mientras que el cuerpo físico duerme... ¡la conciencia del individuo todavía está operando en alguna parte! Si esa conciencia está atada a la Tierra y (en el pasado, cuando a los desencarnados todavía se les permitía permanecer en la atmósfera de la Tierra) deambula por viejos castillos o sitios donde vivió anteriormente en que la corriente de vida había estado interesada, si la conciencia está teniendo ciertas experiencias en el ámbito síquico (actividades discordantes), esa conciencia estará creando karma destructivo. De allí que, por Ley, el ángel ministrador se vea en la obligación de acompañar a esa alma y, en cada oportunidad que se le presente, proyectar un rayo de luz a la conciencia del alma a la que está asistiendo, con la esperanza de que, quizás, le ayudará a mirar para arriba y desear más luz.

CONDUCTORES NATURALES DE PAZ Y SANACIÓN

Estos ángeles ministradores son conductores naturales tanto de PAZ cuanto de SANACIÓN, pero a veces resulta difícil aquietar a la humanidad lo suficiente en sus pensamientos y sentimientos para recibir estos regalos. Aún cuando el cuerpo físico duerme por la noche, el aura a su alrededor sigue girando, el alma se va para aquí y para allá en varias direcciones, *siempre en búsqueda de alguna índole de felicidad*. Es parte del servicio de este ángel ministrador del Sexto Rayo aquietar los sentimientos, la mente, la memoria y el cuerpo de carne, y traerles PAZ.

Finalmente, los ángeles ministradores están poderosamente desarrollados en el RAYO DE LA INVOCACIÓN. Claro está, ellos tienen acceso constante a todas las Virtudes de la Deidad *[Godhead]* y, debido a que tienen el don Divino de la visión interna, saben precisamente lo que necesita la corriente de vida a la que se han ofrecido a servir. Por ende, de tiempo en tiempo, en la medida que la Ley Cósmica lo permite (de acuerdo con las obligaciones kármicas del alma en cuestión), estos ángeles invocan la ayuda de los Seres Cósmicos y de los Poderes de la Luz para atraer la asistencia en particular que esa corriente de vida requiere en el momento.

BENDICIONES DISPONIBLES

Hay muchas bendiciones disponibles a la humanidad de las que podría disfrutar si tan sólo estuviera al tanto de ellas y las invocara, así como también Maestros Ascendidos y ángeles amigos que descargarían esas bendiciones en la experiencia del hombre. Yo sé, porque en las actividades de ministración, trabajamos con las Guardianas Silenciosas sobre cada ciudad, estado o provincia y nación, así como también con la Guardiana Silenciosa del planeta en sí.

Como fácilmente podrás ver, los ángeles ministradores están tratando siempre de atraer tu conciencia a algo constructivo y mantenerla allí. Esto es parte de su poder de concentración, así como también su deseo de traerte paz. Dar esta ministración a la Tierra constituye nuestro mayor regocijo.

MULTIPLICACIÓN ANGÉLICA

Ahora bien, tal cual dijéramos anteriormente, estos ángeles de los que he hablado se han ofrecido a servir *únicamente a una* corriente de vida. En Mi capacidad como Arcángel de la Ministración, me he ofrecido a servir a todo el planeta Tierra y a todas las corrientes de vida que alguna vez pudieran encarnar en ella, a toda vida elemental y a toda cosa viviente, hasta que la sustancia de la Tierra en sí y las fuerzas de la naturaleza sean restauradas a la Armonía Divina y Perfección Eterna. De manera que lo que he dicho acerca de los ángeles ministradores individuales pueden ustedes multiplicarlo por diez millardos y entonces sabrán algo del servicio a este planeta y sus evoluciones que ha sido ofrecido y prestado por la amada Doña Gracia y por Mí.

¡Recuerden! Cada uno de ustedes tiene su ángel ministrador personal que ha estado con ustedes durante muchos siglos. Al llamarlo, indícale a este ángel ministrador que unja tus cuatro vehículos inferiores con *su sustancia y sentimientos* de Amor Divino, Luz y Gracia, de esta manera ayudándote a mantener sostenida la paz haciendo caso omiso de cualquier apariencia humana o contrariedad. Dale tu atención indivisa por tan sólo algunos momentos cada día, aceptando conscientemente durante ese tiempo en tus sentimientos, la ayuda que él desea darte.

[Nota de Thomas Printz: Nuestro amable lector podrá preguntar ahora por qué, si estos ángeles ministradores están siempre con nosotros y tienen la capacidad de impedir la aflicción humana, por qué está la humanidad en el estado actual de necesidad y desesperación. Una vez más les recordamos acerca de la habilidad de la humanidad de utilizar destructivamente su don dado-por-Dios del libre albedrío —a menudo deliberadamente desafiando los "soplos" [promptings] *sensatos de lo que el hombre denomina su "conciencia", que frecuentemente son los sentimientos de advertencia de parte de estos ángeles ministradores en sí. A estos ángeles a veces también se les llama "ángeles guardianes" o "ángeles de la guarda". ¿Acaso alguno de nosotros no ha sentido un fuerte "soplo" en cuanto a no hacer cierta cosa pero, debido a que el deseo de hacerlo o de tener algo era tan fuerte dentro de nosotros voluntariamente descartamos el "soplo" y "pateamos contra las espinas" (como quien dice), sólo para lamentar después nuestra desobediencia, cuando se requirió de nosotros que manejáramos la agonizante consecuencia de nuestra terquedad humana y arrogancia? ¿Cuán a menudo no hemos dicho: "Por qué no escuché, si tenía un sentimiento de no hacer eso, etc., etc.?*

Ahora que hemos recibido esta maravillosa instrucción acerca de nuestro ángel ministrador, reconozcamos a diario este amigo personal de las eras, y esforcémonos por cooperar amorosamente con él para hacer de nuestro recorrido uno fácil, sencillo, exitoso y perfecto en todo momento.

De no ser por estos seres trascendentales de Luz y amor que se han dado a la humanidad aquí... ¡la mayoría de las corrientes de vida se hubieran auto-destruido por completo hace tiempo! ¡Que Dios bendiga a los ángeles ministradores, a todos y cada uno de ellos, y Dios bendiga a nuestros amados Uriel y Doña Gracia por su poder sostenedor de amor y gracia por toda vida!

APÉNDICE VI

LOS SEÑORES DEL KARMA

POR D.T. MARCHES*

(Junio de 1953)

ada alma que alguna vez ha encarnado en este planeta ha pasado, entre encarnaciones, por los Salones del Karma que presiden unos Seres altamente evolucionados, grupo al cual se le conoce como los Señores del Karma.

Karma es el efecto de causas establecidas por individuos en sus viajes por el universo, desde el momento en que por primera vez escogieron entrar a la evolución de este planeta, en su deseo de convertirse en co-creadores con Dios. Este karma podrá ser feliz o lo contrario, de acuerdo a las causas puestas en movimiento.

Antes de la "caída del hombre," cuando las almas vivían en sus cuerpos etéricos y no habían rendido sus centros creativos (pensamiento y sentimiento) al uso de la personalidad externa, no había necesidad alguna para los servicios de un Tribunal Kármico, al menos en cuanto a este planeta concernía. El hombre realizaba su Plan Divino con amor, sabiduría y júbilo, y así entraba al seno del Padre sin mácula. Fue únicamente cuando el hombre, mediante su voluntariedad, escogió experimentar con las fuerzas

* Seudónimo utilizado por Mary Lehane Innocente, madre de Geraldine Innocente.

vitales y, al bajar su visión, creó formas inferiores a la perfección de su Padre Celestial, que la Ley Cósmica —la cual gobierna todas las expresiones de vida— consideró necesario establecer una Junta Kármica, bajo cuya dirección la corriente de vida experimenta los efectos de las causas establecidas por sí misma. Este servicio continuará en tanto que el hombre elija vivir en la conciencia inferior —que es denominada la "conciencia humana"—y es de esta oquedad de congoja auto-creada que los Maestros de Luz se están esforzando por sacar a la humanidad, mediante la instrucción de la Ley Superior que gobierna la evolución y la creación.

ALMA PURA

El alma del hombre es fundamentalmente pura. Es una proyección o extensión del Cristo Interno dentro del mundo de la forma para un propósito específico; esto es, evolucionar mediante la experiencia de causa y efecto hasta convertirse en co-creadores con el Padre. El alma es la vestimenta que se pone el espíritu que evoluciona.

Sépase que este viaje a través del mundo de la forma fue un viaje puramente voluntario de parte del individuo. Hay incontables millones de seres que nunca desearon pasar por esta experiencia, y viven actualmente en el corazón del Padre Universal, en el estado de inocencia y arrobamiento del que disfrutaron los seres humanos en el Jardín del Edén antes de la "caída". Estos seres felices también están sirviendo a la vida en múltiples capacidades, de acuerdo con sus variadas naturalezas y tendencias, en diversas partes del reino de Dios.

RESPONSABILIDAD POR LA CAÍDA

La mayor parte de la gente, al no estar familiarizada con la Ley de Reencarnación, se inclina a culpar por su exilio del "Jardín del Edén" a sus padres legendarios — "Adán y Eva". Sin embargo, es menester recordar que cada individuo es responsable por su propia "caída". El primer acto inicial de la propia voluntad, o desobediencia, de parte de la corriente de vida en el pasado distante, inició a cada quien en el sendero descendiente. Cada hombre fue su propio "Adán", y cada mujer su propia "Eva". El primer "pecado" fue el de desobediencia a la Ley del Uno, en vez del pecado de lujuria como comúnmente se cree, culpándose los "primeros padres" entre sí por la pérdida de su inocencia, y los hijos culpando a los "padres" por haberlos privado de la felicidad de vivir "para siempre" en el "Jardín del Edén". A la luz del nuevo día, cada hombre, mujer y niño encarnado tiene que asumir plena responsabilidad por su propia "caída".

El alma es responsable, ante la Ley Cósmica, por los pecados cometidos por el ser externo (v.g. personalidad) porque mediante el primer acto de desobediencia contra la Ley de la Vida, nació una entidad extraña, la cual no tenía sitio en el Reino de Dios. Ésta era la personalidad humana, la cual se fue haciendo cada vez más fuerte con cada acto de voluntad propia, hasta que finalmente descartó la autoridad de su creador (el alma); y con el transcurrir del tiempo, se convirtió en una ley de por sí, reclamando para sí existencia y derechos a los que no tenía derecho bajo las Leyes de Dios.

Sin embargo, todo esto no excusa al "alma" porque el pecado original fue cometido por un alma, y es obligación del alma de reasumir su puesto legítimo como representante del Ser Crístico en el mundo de la forma. Esto, también, constituye la razón de que se estableciera el cargo del Tribunal Kármico, de manera que el hombre pudiera aprender los efectos salutíferos contenidos en la Ley de Causa y Efecto, mediante el retorno a sí de las consecuencias de sus propios actos. La amonestación del Maestro Jesús, *«todas las cosas que queráis que los hombres hagan con vosotros, así también haced vosotros con ellos,»*[4] es otra prueba de la existencia de esta Ley Cósmica, la cual gobierna la evolución del hombre en este planeta.

ANTE EL TRIBUNAL

Al final de cada encarnación, el alma comparece ante el Tribunal Kármico, y el resumen de dicho lapso se inscribe en los registros. Al principio de la próxima encarnación, el alma es citada de nuevo a comparecer ante los Señores del Karma, y cierto porcentaje del karma bueno y del malo se le asigna al individuo, siendo responsabilidad de estos misericordiosos dispensadores velar que a nadie se le asigne demasiada carga de congoja debido a sus acciones equivocadas del pasado, afirmando la verdad del viejo adagio, "el Señor acomoda la espalda para la carga." Es un verdadero infortunio que la Ley de Reencarnación no sea más ampliamente conocida, ya que explicaría todas las aparentes injusticias, así como también las "cargas y pruebas" que asedian a la raza humana —y pondría a los seres humanos a remediarlas.

¿Puede el alma, al comparecer ante estos jueces imparciales al cierre de cada encarnación, aducir ignorancia de los actos de la personalidad? No, porque dentro de cada individuo hay un mentor espiritual —o Ser Crístico— y antes de cometerse cualquier acto incorrecto, invariablemente tiene lugar una conversación silente entre la personalidad y este "guardián silencioso", que en el argot del mundo externo se le llama "la voz de la conciencia." El alma es el mediador entre este preceptor y la personalidad, y si no impide que la personalidad lleve a cabo el acto, la culpa será del alma. Por tanto, tanto el alma como la personalidad sufren juntos las consecuencias del "pecado".

SENDERO ACTIVO

Cuando una persona pone su pie en el sendero, se establece una asociación —como quien dice— entre

[4] Mateo 7:12.

el alma y la personalidad, el hombre externo cediendo a la mayor sabiduría del alma, y el ésta, a su vez, escuchando y obedeciendo a la voz del Cristo Interno, hasta que, finalmente, la personalidad es absorbida dentro del alma. Únicamente así puede la corriente de vida esperar realizar su Plan Divino y completar su evolución a través del mundo de la forma.

El Maestro Jesús afirma que, *«ni una jota ni una tilde pasará de la ley, hasta que todo se haya cumplido»*[5] y no hay peligro alguno en decir que, sin el conocimiento y dispensaciones del nuevo día, tomaría toda la eternidad parda que cada hombre realizara su destino, porque, si bien en cada encarnación hay cierta cantidad de deuda a la vida saldada en karma, el individuo raramente termina una encarnación sin haber creado más. Por tanto, la vida en este planeta sería prácticamente una cadena interminable para la mayoría de las corrientes de vida.

Sin embargo, mediante el conocimiento y uso del Fuego Sagrado en su actividad limpiadora y purificadora, traído a la humanidad por la dispensación otorgada a nuestro gran benefactor, Saint Germain, es posible —hasta en una encarnación, borrar la deuda kármica de la corriente de vida y establecer una relación armoniosa entre el alma y el Cristo Interno de cada quien.

Sólo hay una puerta que lleva a la vida eterna, y esa es a través del Ser Crístico en el corazón de cada cual. El Cristo Cósmico dijo a través del Maestro Jesús, *«YO SOY la Puerta Abierta —nadie viene al Padre sino por Mí.»*[6] ¡NO HAY OTRA MANERA!

Cuando toda la humanidad haya regresado a la manera de vida de Dios, y viva de acuerdo con la Ley del Amor, los grandes Señores del Karma serán liberados del doloroso cargo que tan amorosa y misericordiosamente ejercen ahora.

---

[5] Mateo 5:14.

[6] cf. Apocalipsis 3:8 — Juan 14:6.

APÉNDICE VII

Extractos de Enseñanza sobre

LA MEMORIA DE VIDAS PASADAS

tomado de *La Voz de Isis,* por Curtis, escrito en 1914

(Mayo de 1956)

a memoria de vidas pasadas no se da para diversión ni para satisfacer la vana curiosidad, sino para inculcar una lección necesaria. El destino de cada alma es finalmente el de asumir su lugar verdadero en el Plan Divino. Todo se adhiere a una ley exacta. La remembranza viene únicamente cuando el Ser Superior ve que la personalidad está lista, cuando el cerebro físico ha sido entrenado para vibrar en alguna media en respuesta a la Voluntad del Ser Superior.

Muchos preguntan: "¿Por qué no es más común tener memoria de vidas pasadas?" Hay una razón profunda y de peso para esto. En nuestra evolución, hemos pasado a través de muchas experiencias tristes y amargas que, de ser recordadas, de tal manera deprimirían nuestros espíritus, de tal manera nos desanimarían y obstaculizarían que haríamos muy poco progreso. Igualmente, de recordar quiénes fuimos y quienes fueron nuestros actuales compañeros, en muchos casos nos resultaría tan difícil perdonar las heridas, tan difícil olvidar los problemas por los que pasamos en conexión con ellos, que nuestro crecimiento espiritual se retrasaría. En vista de que la Ley —actuando como karma— exige una perfecta compensación o ajuste, uno de los grandes objetivos en cada vida nueva consiste en reajustar los errores del pasado. Cuando en esta vida se nos presenta una oportunidad de hacer precisamente eso, si pudiéramos recordar todo lo que pasó, sería con creces más difícil "amar a tus enemigos, hacer el bien a quien te odia, bendecir a quienes te maldicen, y orar por quienes se aprovechan de ti." De allí que es cuestión de amor y sabiduría que el conocimiento de vidas anteriores sea retenido.

REGOCIJO Y JOLGORIO

Muchos piensan que si pudieran recordar quiénes fueron en el pasado, todo sería un regocijo y jolgorio. Sin embargo, en la gran mayoría de los casos, esto resultaría en una amarga desilusión y en una remembranza triste y deprimente. Por tanto, nunca se nos permitirá recordar nuestras vidas pasadas hasta que hayamos avanzado allende el punto en que las aflicciones, las congojas y las acciones desprovistas de bondad que se nos hayan propinado, puedan afectarnos, preocuparnos o desanimarnos y, así, retrasar nuestro progreso. No recordaremos *hasta que hayamos alcanzado ese balance que NADA puede perturbar*, hasta que nos hayamos centrado en el pensamiento de que manifestar el Amor Divino es lo único por lo que vale la pena esforzarse.

La mayoría de las almas encuentran que a duras penas la personalidad soporta las tribulaciones y congojas de una vida, por tanto, la remembranza total de todo lo que tuvo que soportar en muchas vidas tendería a aplastarla. Es la memoria lo que persigue, lo que lleva la mente a la locura. No hay día que pueda contener la suficiente aflicción como para descorazonar el alma, es la carga acumulada lo que abruma. *Una lección importantísima que aprender consiste en sacar de ti todo lo pasado. Vive en el presente. «Deja que los muertos entierren a sus muertos».*[7] En tanto que el alma no haya aprendido que lo que pasó está registrado en el Verdadero Ser como una lección aprendida —una experiencia necesaria obtenida— y pueda dejarla ir sin ser aplastado por su memoria, en tanto que la personalidad no muestre su fortaleza de carácter y deje de rumiar sus errores, en tanto que no haya ejemplificado su estabilidad en su vida presente, el Padre Celestial —con toda misericordia— correrá un velo sobre la memoria de encarnaciones anteriores. Cuando pueda soportar sin rechistar ni retraerse, la memoria de las congojas de una vida, estará entonces lista para llevar el peso de una memoria más extensa.

RESPUESTA A LA MEMORIA

Otra razón por la que no recordamos, es que en cada encarnación el alma se auto-reviste con un nuevo cuerpo, las células cerebrales del cual nunca han respondido a las condiciones pasadas, y sólo cuando el cerebro es capaz de responder a la memoria almacenada en el Ser Superior, podrá esa memoria ser impresionada sobre la conciencia de vigilia. En otras palabras, la personalidad (la conciencia física) no puede recordar el pasado porque sólo ha experimentado la vida actual. Otra razón es que muchas, pero muchas de nuestras vidas pasadas han sido tan comunes o triviales que han registrado muy poco de valor en el Verdadero Ser; de allí que haya muy poco importante que recordar de ellas, ya que de cada vida son las experiencias y lecciones que han contribuido al crecimiento del alma lo único que se inmortaliza siendo registradas en el Verdadero Ser. ***ÚNICAMENTE EL BIEN ES INMORTAL, EL MAL NO ES MÁS QUE ALGO TRANSITORIO.***

PERSONAJE HISTÓRICO PRINCIPAL

La memoria de una vida pasada es despertada

[7] Mateo 8:22 — Lucas 9:60.

a menudo al leer acerca (o ver una imagen) de algún personaje histórico. Esto despierta una memoria de haber vivido en esa época o lugar, o, quizás, que el lector mismo fue el personaje mencionado. *Esto propicia que se dé lugar al ridículo, ya que muchos sobre quienes la memoria de vidas pasadas está despertando parecen no haber sido otra cosa que reyes y reinas, o personajes notables de la historia.* Hay una razón para esto ya que, al igual que la mayoría de los errores, es más bien un malentendido o aplicación errada de la remembranza que un intento deliberado de engañar. Es resultado de la ignorancia de la Ley. En tal caso, la probabilidad es que la persona sí vivió en el período recordado, y que posiblemente tuvo un papel prominente en los eventos relatados, *pero ella NO fue necesariamente el personaje principal.*

El sentimiento de una simpatía o aversión peculiar que se siente en tal caso es precisamente lo que la persona sintió en el momento del evento. *En el pasado, la persona puede haber estado profundamente interesada en los personajes bajo consideración, y muy dada a imaginarse a sí misma en su lugar.* De allí que cuando se orienta la atención a esos tiempos de antaño, esto despierta las viejas corrientes de sentimiento *y el individuo piensa que, de hecho, él estuvo en el pasado en que deseó estar.* A menudo hay otra explicación. Un personaje notable puede haberse destacado como el punto clave de su época, y la circunstancias que produjeron su eminencia fueron lecciones que muchas otras almas aprendieron. De hecho, *el personaje principal ejecutó el drama para todas las personalidades inferiores pertenecientes al mismo grupo, y todos aprendieron la lección a través de ese individuo.*

Por ejemplo, a través de la acción de Abraham Lincoln, toda la nación de Estados Unidos aprendió que la esclavitud debería y podría ser abolida, y la lección fue impresa más o menos profundamente en cada alma de acuerdo a su simpatía o actividad en la cuestión; pero sólo Abraham Lincoln de hecho liberó a los esclavos. Sin embargo, no hubiera podido haberlo hecho sin la asistencia de la fuerza-de-pensamiento de la nación. *¡Él fue el ejecutor de la voluntad de quienes pensaban en la liberación!*

Cada personaje en la historia tuvo muchas personas que pertenecían al mismo grupo, a la misma nación, quienes fueron transportados en evolución por la misma corriente, quienes aprendieron por el fracaso o se beneficiaron del éxito de dicho personaje. En vista de que el alma al principio recuerda únicamente los más importantes eventos, personajes y lecciones impresas sobre su conciencia, cuando esa memoria comienza a ser despertada, *es natural que piense que ella era el personaje principal.*

CIENTOS POR UNO

Hay cientos de personas que están *segurísimas* de haber sido María Estuardo; cientos que fueron Martín Lutero, Julio César, Cleopatra, Elena de Troya, etc. *Sin embargo, si ellos tan sólo comprendieran la Ley, les resultaría muy fácil determinar si fueron o no los grandes personajes cuyos nombres aparecen aquí. Un estudio meticuloso del personaje (físico, mental, emocional y espiritual) determinará esto rápidamente.* Estudien sus errores y sus éxitos, y traten de calcular lo que sería necesario —de acuerdo con la Ley de Compensación (v.g. karma)— para superar los errores y cosechar las recompensas. Estudien la mentalidad del personaje y compárenla con la suya, y sepan sin lugar a dudas que no hay retrogresión.

RETROGRESIÓN APARENTE

Hay subidas y bajadas que podrán parecer ser retrogresiones, pero son como las subidas y bajadas de un tren de gravedad, las bajadas siempre están *encima* del nivel del punto de partida. *Un personaje de prominencia histórica podrá actualmente estar encar-*

nado en una estación muy baja, si bien todavía tendrá las mismas características que lo hicieron grande, y la lección importante aprendida en la vida prominente estará indeleblemente impresa sobre su personalidad actual. Si fuera la figura central del grupo —ya sea para bien o para mal— siempre será una figura central, sin importar en qué ocupación encarne. Un Abraham Lincoln podrá encarnar como un campesino donde las condiciones hicieron casi imposible la educación y la cultura, pero siempre tendría la habilidad de un Lincoln para imponerse sobre las condiciones.

La regla general es que después de que el individuo ha cultivado sus facultades mentales y desarrollado su cerebro a un grado superior, pasará por una encarnación desprovista de toda oportunidad de educación. Esto es, primero, para darle una oportunidad de desarrollar sus cualidades del corazón y, segundo, para probar cuánto de la cultura anterior él ha asimilado verdaderamente. Nadie puede probar su carácter a menos que se vea forzado a depender de sus verdaderos poderes internos. *De allí que no importa qué pueda haberse ganado en el pasado* —en términos de perfección física, intelectual o espiritual— *el individuo tendrá necesariamente que pasar por una encarnación en que todo lo externo contribuye a que falten las cosas alcanzadas, de manera que el individuo pueda probarse a sí mismo.*

ESTUDIO HISTÓRICO

Cuando se te dice que en el pasado fuiste algún gran personaje, es sensato escudriñar la historia y las costumbres de la época indicada, y buscar por alguna discrepancia obvia entre tu propia personalidad y la del personaje bajo consideración. Si se encuentran discrepancias, éstas indican que hay error en alguna parte. Por ejemplo, si a una mujer se le dice que fue una sacerdotisa egipcia, una mirada a la historia mostrará que los egipcios admitían únicamente mujeres de alto rango como sacerdotisas, mientras que había muchas mujeres que servían como asistentes, monjas, etc. Las sacerdotisas eran especialmente entrenadas para transmitir los más profundos misterios, de allí que a menos que la persona que aduce serlo pueda probar que posee tales poderes hoy, probablemente fue meramente una asistente o quizás una monja cuyo gran ideal era el de convertirse en una sacerdotisa. Una mujer que hoy en día no tiene ningún poder síquico independiente podría escasamente haber sido una sacerdotisa egipcia, ya que tales dones, una vez obtenidos, nunca se pierden.

Así, una mujer excepcional puede haber sido una sacerdotisa egipcia pero, si así fue, mostraría hoy las características que le permitieron sostener tan alto cargo. *Esto mostrará cuán fácilmente pueden confundirse los mensajes síquicos y cuán absurdo resulta que uno los repita sin verificarlos*. Si bien tales discrepancias no siempre significan que quien da la información te ha llevado al desvío, empero bajo tales circunstancias es altamente recomendable una investigación meticulosa del mensaje y una consideración de su fuente.

Absoluta obediencia a la guía superior es requerida de todos aquéllos que habrían de hacer el trabajo del Maestro, pero dicha guía *NUNCA* viola el sentido común, y ni aún el voto de obediencia es requerido jamás hasta que el alumno, *mediante repetidas experiencias,* haya aprendido a tener una fe implícita en su guía.

APÉNDICE VIII

CULTIVAR LA "GRACIA ESCUCHANTE"

POR EL AMADO ARCÁNGEL URIEL
27 de Septiembre de 1957

(Enero de 1958)

mados Míos, hay muchas bendiciones divinas disponibles de las que podría disfrutar la humanidad, si tan sólo estuviera al tanto de ellas, así como también Maestros Ascendidos y ángeles amigos que descargarían esas bendiciones en la experiencia del hombre de hacer éste *el llamado consciente*. Yo sé, porque en las actividades de ministración, trabajamos con las Guardianas Silenciosas sobre cada ciudad, estado o provincia y nación. Claro está, estos Seres Divinos no dormitan ni duermen y están, por supuesto, siempre conscientes de las necesidades de la vida que evoluciona dentro del alcance de su cuidado vigilante.

Una de las sencillísimas maneras mediante la cual la humanidad podría abrir sus mundos a las mayores bendiciones de y desde la Deidad *[Godhead]* sería cultivando, utilizando y expandiendo el *sentimiento* de gratitud sincera por las bendiciones *que ya está disfrutando.* Verán, las conversaciones que la humanidad sostiene con Dios (v.g. sus oraciones) generalmente no consisten de gratitud por lo que ya tienen, sino de afirmaciones tales como, "¡Querido Dios! ¿Por qué me ha pasado esto?", "¡Necesito ayuda aquí!", etc. La mayoría de sus oraciones son verdaderos lamentos de dolor y congoja, y son muy pocas las oraciones honestas y fervorosas de acción de gracias por el regalo fundamental de vida que fluye constantemente, así como por los beneficios que de esto se desprenden.

ASISTENCIA DE LOS ELEMENTOS

Ahora bien, escudriñando la humanidad y viendo cuanta gracia han recibido sólo de parte del amado Neptuno, al mantener purificadas las aguas del planeta, manteniéndolas tan limpias como lo ha hecho Él, al tiempo que las mantiene bajo vigilancia y controlando a las ondinas de manera tal que presten el servicio más perfecto posible; la constante descarga de Virgo de la sustancia de Su ser para crear cosecha tras cosecha; a través de las tremendas actividades de Aries de mover las nubes de un lugar a otro y descargar las aguas en forma de lluvia donde y cuando se necesita, así como también purificando el aire mediante las poderosas sílfides que han servido a la humanidad durante eras enteras, "desconocidas, deshonradas y olvidadas"; y ni hablar del gobierno del elemento fuego por el amado Oromasis para transmutar lo que ha servido su propósito y, por tanto, ya no se necesita.

Sin esta asistencia del elemento fuego, la humanidad rápidamente se aniquilaría en medio de sus propias acumulaciones de sustancia descartada, especialmente en las ciudades densamente pobladas del orbe. Todos estos seres de la naturaleza y fuerzas de los elementos han servido "desconocidas, deshonradas y olvidadas" a la humanidad, y la han asistido desde que los "Santos Inocentes" por primera vez encarnaron en este planeta. Todo esto constituye una bendición de Dios para el hombre a través de estas grandes inteligencias que, individual y voluntariamente, han renunciado a las alegrías de los niveles superiores de conciencia a fin de ayudar a las evoluciones de la Tierra.

Con todo nuestros corazones, hacemos ahora el Llamado pidiendo que el velo de maya sea rápidamente rasgado lo suficiente como para que la humanidad pueda ver y conocer algo de las bendiciones que ha tomado por sentado durante tanto tiempo. Luego, comenzará la humanidad a descargar más y más gracia con un *sentimiento de gratitud* por los regalos que tan libremente le han sido dado, regalos que hacen posible que todos los que viven en este planeta Tierra tengan siquiera donde pararse. De hecho, mediante la gracia amorosa de Sanat Kumara, de Polaris y de Magnus, (la luz desde cuyos corazones conforma el mismísimo eje de la Tierra en sí), este planeta ha sido sostenido en su servicio a la vida, servicio el cual ha sido (y sigue siendo) el de proveer un "salón de clase" a la vida que sobre él evoluciona.

GRATITUD POR LA VIDA ES GRACIA EN ACCIÓN

Ahora, el cultivar la gracia (que es la actividad primordial de Mi complemento divino, Doña Gracia) es una búsqueda maravillosa. La Gracia siempre comienza manifestándose como un *sentimiento* de acción de gracias. Alguien sin gracia es una persona muy desagradable con quien asociarse. Ustedes saben que de la Santa María, madre de Jesús, se dijo que ella estaba siempre "llena de gracia". En el caso de ustedes y de todos aquéllos que representan al Maestro Ascendido Saint Germain (uno de los seres más llenos de gracia de todo el universo), les pido que todos —individual y colectivamente— comiencen a esforzase por realmente *disfrutar* de invocar al espíritu de gracia desde Mi amada Doña Gracia. Traten de estar agradecidos por *algo* en todo momento del día. Traten de encontrar quizás una cosa pequeña en cada vida que contacten, por la cual estar agradecidos y en cada actividad del día en que se ocupan. Al hacer esto, gradualmente llegarán a un estado de gracia que, por cierto... *¡no es un estado de mente sino de sentimiento!*

DIPLOMACIA SIN ENGAÑO

A lo largo de las centurias que han transcurrido, han existido cortesanos y diversos individuos que ocuparon cargos diplomáticos en representación de muchas naciones. Todos estos individuos pasan por los movimientos de la gracia pero, detrás de sus acciones, muy a menudo está el motivo de la auto-preservación o auto-engrandecimiento. Por tanto, esos individuos no son los "diplomáticos sin engaño" de los que tan a menudo hablaba Saint Germain... ¡estos son hipócritas! De manera que podrán ustedes decir "gracias" mil veces y de muchas maneras, y podrán abrirle la puerta a otro como un verdadero caballero y decir "Dios te bendice"; pero si el sentimiento motivador dentro de ti para hacer estos actos no es un amor genuino y gratitud a la vida por la existencia de la otra corriente de vida y sus empeños por promover y expandir las actividades de Dios (v.g. el bien) en esta tierra... *¡entonces todas tus palabras de gracia simulada no representan nada!*

Sin embargo, cuando el sentimiento de gracia se descarga *desde dentro del corazón*, realmente hace del apretón de manos, la bendición o siquiera el pequeño favor, un regalo desde Dios mismo... *¡y el receptor lo siente!* Ustedes no pueden engañar el mundo emocional de otra persona a menos que él o ella esté bajo la influencia de esa entidad humanamente creada de la adulación.

Por el contrario, si el individuo es honesto, diligente y sincero, y ha desechado la capacidad de permitir que la adulación lo desvíe de su propósito, la corriente de vida que descarga los sentimientos de gracia alcanza el corazón del otro, encontrando allí un anclaje en el mundo de quien busca amor, confort y estímulo a lo largo del sendero de la vida. De esta manera, quien bendice es capaz entonces de dar su bendición.

INVOQUEN LA GRACIA SOSTENIDA

Sentimientos constantemente sostenidos de gracia crean un bello mundo en el cual vivir. Cuando ustedes y nosotros nos reunimos en sus actividades grupales (y particularmente cuando el Maestro Ascendido imparte un discurso), durante una hora aproximadamente ustedes están bajo Nuestra radiación y, por ende, en un estado de gracia —al menos durante el tiempo en que se esté impartiendo el discurso, que se esté entonando el canto y se estén haciendo visualizaciones. Sin embargo, casi tan pronto como Nuestra radiación deja de vertirse directamente, ustedes regresan a la actividad vibratoria de su conciencia acostumbrada que les era conocida antes. Debido a esto, pierden mucho de esta radiación de armonía *sostenida* que tánto necesitan y que Nosotros estamos tan deseosos de anclar en, a través y alrededor de ustedes, hasta que podamos decirle a los Señores del Karma: "Todos los chelas bajo esta radiación están llenos con la gracia sostenida, están en un estado de armonía sostenida y, por tanto, son verdaderos representantes de Nuestro amado Saint Germain. Mediante esa armonía, cada quien está en capacidad y disposición de ser un conductor de todas las virtudes de la Deidad a la humanidad."

Si piensan al respecto, y acerca de cualquiera de los Seres Divinos, notarán que la maravillosa gracia está en Su naturaleza. En primer lugar, Ellos nunca vienen a menos (y hasta) que se les invite; no dan consejo a menos que se les pida; se van cuando ustedes han terminado con Sus servicios, y están a la mano de nuevo cuando ustedes hacen llamados conscientes pidiendo Su asistencia. *Esos son los Seres Altruistas que dan todo lo que son y tienen sin pedir nada a cambio para sí, pero fervorosamente esperando que sus empeños produzcan algún fruto de expandir la perfección en este mundo de la forma.*

¡Ahora, eso es a lo que ustedes aspiran! "Manténganse manteniéndose" ["keep on keeping on"] con estas aspiraciones hasta que todos y cada uno de ustedes esté tan lleno con la gracia sostenida que sean realmente como su Maestro. ¿Pueden ustedes pensar en nuestro Señor MaháChohán en términos de que es algo menos que la plenitud de la gracia en todo Su servicio? El amado Morya, siendo el poderoso Ser de Fuego que es, es el más agraciado de todos los príncipes del cielo. Tal cual hemos dicho, el amado Saint Germain es tan sobresaliente en su gracia que, cuando entra a un salón, cuando eleva los brazos para dar una bendición, cuando esos bellos ojos violeta inundan al chela con su gratitud, cada gesto es una manifestación de tal gracia, de tal dignidad y de tal amor.

SIGAN ASPIRANDO A LA PERFECCIÓN

Tal cual nuestro Señor Rafael les dijera recientemente, "no sientan que sólo porque todavía no son una *manifestación plena* de las virtudes del Sexto Rayo (ministración, gracia y paz), deben sentirse desanimados de ninguna manera. Esto es sencillamente algo a lo cual aspirar, una meta que alcanzar. En vista de que ustedes desean ser como los Seres Ascendidos *aquí y ahora*, ¿por qué no dejar que el agraciado Espíritu del Sexto Rayo inunde dentro, a través y alrededor de sus mundos, y ser una bendición para sus corrientes de vida?"

Permítanle custodiarlos y guiarlos, e irradiar a través de ustedes para bendecir a toda la vida que ustedes contacten. A fin de permitir que este espíritu actúe de esta manera en y a través de ustedes, es menester que, por supuesto, le den a dicho espíritu su atención consciente e indivisa durante algunos momentos, tratando de que sea siempre a la misma hora todos los días —rítmicamente abriendo la puerta de sus mundos (mediante la atención que ponen sobre Él) al influjo de esos sentimientos de gracia que es la Sustancia-Luz propiamente dicha *de antemano cali-*

ficada Divinamente con los sentimientos de gracia. Tales sentimientos NUNCA pueden ser recalificados por el ser humano. ¿Lo ven? ¿Por qué no tender las manos hacia arriba y *aceptar* de esta manera sus bendiciones diarias de gracia?

En vista de que ustedes están al tanto de Su presencia, empéñense conscientemente en hacer amistad con su ángel ministrador. Cuando lo hagan, se encontrarán gradualmente dejando ir ciertos hábitos destructivos que han tenido desde que nacieron en esta encarnación, hábitos esos que a veces se remontan en sus corrientes de vida quizás por muchas, pero muchas centurias. Entonces comenzarán a entrar a esa Nueva Era en sus vidas de un vivir más lleno de gracia, en el que su Santo Ser Crístico podrá autoexpandirse a través de ustedes en términos de juventud, belleza, honor y dignidad.

El amado Rafael dijo recientemente que los hábitos y momentums de las edades se han convertido en corrientes muy poderosas de energía que a veces constituyen verdaderos "ríos" de fuerza. Sin embargo, *no hay nada más poderosos en este universo que el sentimiento Divino de gracia y paz.* ***EL MÁS FUERTE DE TODOS LOS HOMBRES VIVOS ES AQUEL QUE PUEDE MANTENER LA PAZ ANTE TODA CONTRARIEDAD, Y EL MÁS DÉBIL DE TODOS ES AQUÉL QUE NO PUEDE MANTENER ESA PAZ!*** De manera que nunca permitan que en presencia de ustedes se diga que una persona pacífica es débil. *No un tipo aletargado* sino un individuo verdaderamente pacífico (como Gandhi, por ejemplo) es un poder para Dios en este mundo de apariencias físicas.

Jesucristo fue un hombre de lo más pacífico y, no obstante, tenía un poder indudablemente más fuerte que todas las apariencias humanas a su alrededor — aún la de la susodicha "muerte". ¿Creen ustedes por un momento que nuestro amado Jesús llegó a ese pacífico control de la energía de manera automática? No, Mis amados, a cada instante desde el momento de Su concepción por la amada María, sus padres (María y José) *sostuvieron conscientemente* a Su alrededor las vibraciones de la Paz Crística Cósmica. Luego, cuando más adelante se concientizó de su propia individualización en el cuerpo de Jesús, también fue entrenado a sostener esa paz por los amados José y María, por la Hueste Ascendida, y particularmente por los ángeles. ¿Creen ustedes que Jesús podría haber caminado entre las multitudes sin ser tocado por sus dudas, temores y zozobra en general? ¿Creen que podría haber levantado a Lázaro de la susodicha "muerte", hacer que los ciegos vieran, curar a los leprosos, y seguir manteniendo a sus devotos y bienintencionados (si bien no siempre comprensivos) discípulos unidos lo suficiente en propósito para conformar el centro-corazón de la Dispensación Cristiana, de no haber tenido la fortaleza que era mayor que cualquier apariencia humana, incluyendo a la misma "muerte"?

Jesús no hubiera podido subir la colina de la crucifixión de haber perdido Su sentimiento de paz, de haber permitido que la histeria de la turbamulta y hasta la de sus propios seguidores lo atemorizara o afectara en lo más mínimo. No hubiera podido manifestar la maestría en el Gólgota ni la resurrección de Su forma externa en la mañana de Pascua, así como tampoco la victoria de Su Ascensión pública después, de haber perdido Su paz... *¡siquiera por un momento!* Tanto María como José le prestaron una gran asistencia, por supuesto, pero *Él tuvo que sostener esa paz dentro de sí,* paz en sus emociones, en su mente, en su cuerpo etérico... ¡y aún en su carne! *¡SI UNO LO HA HECHO, TODOS PUEDEN HACERLO!* ¡Lo que Él hizo, tú también puedes hacerlo!

A veces las tensiones y presiones del servicio humano en este mundo de las apariencias, aún en el Servicio Divino, son tales que uno se cansa un poquito de "siempre lo mismo" de la actividad, a veces te cansas un poco de hacer el bien. Sin embargo, me aventuro a decir que si alguno de ustedes en este salón fuera liberado por completo —temporalmente— del mundo de apariencias físicas durante cuarentiocho horas, y se le preguntara entonces si tienen a bien regresar y terminar su tarea, la mayoría lo haría gustosamente. A menudo, cuando el servicio comienza a convertirse en una carga para el individuo, todo lo que se requiere es un buen descanso y un "cambio de paisaje" para permitir que el ser externo recupere su balance de energía y, siendo reconsagrado por el amado Rafael... ¡regrese a su servicio con entusiasmo renovado!

Gracias por estar en servicio hasta ahora y por amarnos. ¡De parte del Elohim de la Paz, de Doña Gracia y de Mí, las bendiciones del amor de Nuestros corazones!

APÉNDICE IX

RECONOCE QUE ERES UN RAYO DE LUZ, Y QUE TUS ÓRDENES SERÁN OBEDECIDAS

POR EL AMADO MAESTRO ASCENDIDO MERCURIO

(Febrero de 1959)

epetidamente se ha dicho que el hombre es un Rayo de Luz precipitado. El estudiante que escoge contemplar esto como un hecho en sí más que como una fantasía, llegará a una gran iluminación en cuanto a su Ser y al poder con el cual tan endeudado está por todas las susodichas iniciativas y acciones auto-conscientes.

PODER MOTIVADOR

El eje del cuerpo es un flamígero pilar de Luz, envainado en la espina dorsal y llevado por el sistema nervioso a través de los diversos miembros del organismo. La luz es vida en movimiento. Ninguna actividad tiene lugar en ese sistema de mundos —o en ningún otro— excepto mediante el poder motivador de la Luz. La luz es el conductor que lleva la onda energética, ya sea para levantar un libro o un continente. Si el estudiante pudiera considerar el hecho de que su capacidad para mover siquiera un músculo depende del poder motivador de la luz, llegaría a una comprensión de que su evolución individual no puede estar separada de la Presencia de la Luz, porque entonces no habría movimiento ni inteligencia; no habría actividad sensorial ni ser, excepto por la Presencia de la Luz, la cual es vida mediante la cual estas experiencias son vitalizadas y disfrutadas.

La presencia del hombre en el universo es posible únicamente debido a que la Presencia de la Luz se ha ofrecido libremente a animar y sostener las susodichas "actividades de libre albedrío de la personalidad." El hombre no podría siquiera pronunciar una oración ni cometer un pecado sin la Presencia de la Luz —la cual es el poder energizador de su ser. Una vez que puedes reconocer que tu mismísimo ser existe sólo en tanto que la Luz *SEA*, te concientizarás de la Presencia Silente; y al reconocer a dicha Presencia como viva dentro de ti, abrirás la puerta de tu conciencia de manera que la Luz que te ha servido —sin reconocimiento la mayor parte del tiempo— pueda mostrarte Sus poderes cuando se acoplan conscientemente con tu voluntad.

TU VIDA DEPENDE DE LA LUZ

Tomemos un ejemplo práctico. Un hombre decide, en sus sentimientos, elevar su mano y tirar una piedra. Él extrae de la Luz, que es la vida en el brazo, y procede a la culminación de su acto, totalmente inconsciente de que su brazo, sin la corriente de luz, será tan inanimado como una rama marchita desconectada de un árbol, que yace en el suelo. Él es un conductor inconsciente de la Luz, viviendo por obra y gracia de la Luz, moviéndose por el universo debido a la Presencia de la luz, pero inconsciente de su dependencia en la Luz para cada una de sus inhalaciones. Tomemos entonces como ejemplo al Maestro Jesús que decide levantar la mano de manera que las corrientes de Dios Padre Todopoderoso pueda fluir a través de la misma, en un acto de sanación. El Maestro, plenamente consciente de que la Luz conforma el alambre o conductor, es un co-trabajador consciente con la Luz, la cual inmediatamente se sintoniza a la Llama de Sanación —o la actividad maestra en la que esté ocupado— y la bendición llenará al agradecido receptor.

El estudiante que se auto-recuerde constantemente que toda actividad depende de la Presencia de la Luz, verá cómo nadie, sin importar cuán imperfecta pueda ser la manifestación, vive en la oscuridad; y que cuando está convencido de que es la Presencia de la Luz fluyendo a través de él lo que realiza cada acción, el individuo verdaderamente reposará en brazos de la Luz; y allí donde la Luz le ha servido inconscientemente, la Luz, cuando se le reconoce y ama, explotará en toda Su plena gloria y atravesando sus vehículos, se apresurará a realizar su orden o comando.

RECONOCE A LA LUZ COMO EL ÚNICO PODER

La Luz es el mensajero universal mediante el cual *el pensamiento* se convierte en *acción*. Los rayos de Luz proyectados por el Maestro Ascendido dentro de la conciencia del estudiante no es más que una actividad expandida de la dirección de la Luz a través del cuerpo en el curso ordinario de los eventos humanos, y se eleva al clímax de maestría y eficiencia cuando el individuo antecede toda acción con el reconocimiento de la Luz como el único poder, y luego visualiza a la Luz llevando el pensamiento a la forma.

Recuerda que tu presencia en el universo es una afirmación positiva de que un Rayo de Luz ha sido anclado en la superficie del orbe allí donde habita tu vehículo físico, y que no puede haber ningún cuerpo, forma o actividad doquiera que la Luz sea retirada. De manera que estás constantemente en la Presencia de la Luz; y cuanto más lo aceptes, tanto más la Luz hará por ti en la realización de tu destino.

APÉNDICE X

Hogares y Retiros de los Maestros de Sabiduría

EL TEMPLO DE LA PAZ CERCA DE SUVA, ISLAS FIJI

ABIERTO DEL 15 DE SEPTIEMBRE AL 14 DE OCTUBRE DE 1959

Cuando el reloj cósmico resonó en la hora portentosa en que el gigantesco continente de Mu había alcanzado su clímax y decadencia, y tenía que ser sumergido bajo las olas purificadoras del océano, lenguas de fuego, cubriendo ciudades enteras, surgieron del interior de la Tierra acompañadas por ensordecedores truenos subterráneos y violentas erupciones de volcanes, cuya existencia la gente de la Tierra desconocía. Así, el continente de Mu fue destruido por fuego y sus restos se hundieron bajo las aguas de lo que ahora se conoce como el Océano Pacífico y el Mar Sudoriental.

Partes de ese continente, donde la Tercera Raza-Raíz floreció, todavía existen —tales como las Islas Fiji, donde está ubicado el Retiro Maestro Ascendido de Suva. Otras islas en el Pacífico, Sudáfrica, Madagascar, Ceilán, Sumatra, el Océano Índico, Australia y Nueva Zelanda eran parte de ese continente.

LA CATÁSTROFE DE MU

La gente, como un todo, no estaba consciente del desastre inminente. Varios de los miembros de los

Retiros de Maestro Ascendido que estaban desperdigados sobre la gran superficie del continente, se hundieron con la multitud entonando cantos de la Orden Blanca entrenada de los sacerdotes y sacerdotisas de Mu para mitigar la angustia de la gente.[8] Suva y dos o tres otros focos de la Hueste Ascendida fueron mantenidos en los mismos sitios donde fueron inicialmente establecidos, si bien uno o dos de ellos fueron conscientemente elevados a los niveles etéricos.

Los elementos estaban tan incontrolados, y la gente estaba tan afligida, que toda la atención de la Gran Hermandad Blanca de Suva, además de prestar la asistencia requerida en momentos como ese, tuvo que ser concentrada en dar una paz duradera a los pueblos del mundo, a pacificar los elementos y los sentimientos de la gente. Por tanto, un tremendo momentum de paz permanente fue erigido en este Retiro de Maestro Ascendido, y hoy en día Suva es uno de los focos más poderosos de esa paz. La Paz fue tan poderosamente exteriorizada por la Hermandad de Suva que, después del hundimiento de Mu, al adentrarse el gran navegante Magallanes en la gran expansión de agua al otro lado de Suramérica y encontrarla tan serena, tan tranquila, la llamó el Océano Pacífico (esto es, océano de paz).

DESCRIPCIÓN DEL RETIRO DE MAESTRO ASCENDIDO EN SUVA

Describir con palabras el Retiro de Suva no es tarea fácil, ya que sobrepasa todo lo que ustedes hayan podido haber leído en *Las Mil y Una Noches*. El templo está ubicado en una cueva tremenda, bajo una gran montaña, cuya parte externa lo cubre. Nadie sabe dónde está entrada, si bien los chelas fervorosos, dispuestos y merecedores son guiados a ella y no tienen dificultad alguna en entrar, después de que los protectores espirituales examinan meticulosamente a cada chela.

[8] Nota del Traductor: Se refiere aquí a *Auld Lang Syne*, canción tradicional escocesa

Una vez que entras al templo, ves un palacio de cristal ubicado en lo que parece ser un vasto mar cristalino, y desde el cual emana luz de los siete colores del arco iris. Tan pronto como entras a la montaña, tienes la sensación de estar caminando sobre el agua, hasta que llegas a las amplias escaleras que rodean al palacio. Estas escaleras circulares están hechas de cristal transparente, y debajo de ti ves cascadas de torrentes multicolores de agua. Las escaleras circulares que rodean todo el palacio tienen cuarentinueve escalones. El palacio tiene siete pórticos o porches que conducen a los siete Salones de Aprendizaje. El pórtico principal a través del cual tienes que entrar para encontrarte con el Señor Surya, está hacia el Oriente.

Cuando llegas a tu destino, te encuentras afuera con dos guardianes, un caballero y una dama, de dos metros de altura. Tienen ellos un glorioso cutis oriental con rostros bien proporcionados y casi cuadrados, al igual que ojos azules que te recuerdan al finado presidente estadounidense Warren G. Harding. No llevan nada en la cabeza, con cabello largo color castaño. El caballero lleva su cabello largo hasta los hombros, y la dama largo hasta sus rodillas. Ambos están vestidos con túnicas blancas que emanan una tonalidad opalescente.

Después de que se te permite proceder, tienes que ascender siete peldaños cristalinos adicionales, bajo los cuales sigues viendo los multicolores torrentes de agua. Te encuentras ahora ante una gran puerta de cristal —que se abre automáticamente al detectar tu presencia— sobre la cual vez un gran círculo sobre una cruz, símbolo de este Retiro de Maestro Ascendido. No es menester que tengas que preguntar qué significa eso. Intuitivamente sabes que significa, "aquí la espiritualidad se impone sobre la materialidad."

IMAGEN A PLUMA DEL SEÑOR SURYA

Una vez que entras al gran salón cristalino

circular, ves, sobre un alto trono, la majestuosa figura del Señor Surya, sentado en un trono dorado. Es esbelto de forma, si bien tiene una estatura de dos metros. Sus rasgos y cutis son como los de los dos guardianes a la entrada del templo, pero más refinados. Lleva una barba bien recortada al estilo de la que caracteriza al Maestro Saint Germain. Sus ojos son de color violeta, y el cabello que cae hasta Sus hombros es dorado. Está vestido con ropajes de un puro color blanco, y no lleva prenda alguna.

Cuando te llega el turno de tener la oportunidad de conocer al Señor Surya cara a cara, haces la venia con reverencia; y cuando levantas la cara, Sus ojos amorosos se encuentran con los tuyos. Él sonríe, haciendo la señal del círculo encima de la cruz, y extiende Su mano hacia ti. Cuando te ofrece Su mano, te sientes electrificado, como si estuvieras sentado en el acelerador atómico del amado Maestro Ascendido Saint Germain.[9]

Cuando te escudriña con sus grandes ojos color violeta, tú sabes y sientes que un poderoso rayo de luz ha atravesado tus cuerpos internos y físico. Cuando termina tu saludo, Él pronuncia una corta palabra en un idioma actualmente desconocido, pero tu pareces comprender. Sabes que quiere decir, "¡la paz sea contigo!"

Prepárate, amable lector, para tu viaje nocturno al Templo de la Paz del Señor Surya; y si eres constante y alerta, verás que al final de este período de treinta días serás un hombre o mujer distinto, lleno de una paz duradera, una mayor comprensión... ¡y un equilibrio Divino!

---

[9] cf. *Misterios Develados* de Godfrè Ray King (Panamá: Serapis Bey Editores, S.A.-1999).

APÉNDICE XI

CÓMO SER UNA PRESENCIA COMANDADORA DE PAZ

Carta mensual a las Clases de Transmisión de la Llama del 19 de Septiembre de 1959

mados Hijos de Mi corazón que buscan la paz:

La paz es la llave tonal de este período de treinta días (15 de Septiembre al 14 de Octubre de 1959). Debido a que hay nubes pasajeras de guerra sobre Asia, Europa y América Latina, el Señor Gautama ha ordenado la apertura a la humanidad, del Retiro del Señor Surya en Suva, Islas Fiji. La Jerarquía Espiritual en pleno y todos los visitantes cósmicos oriundos de otros planetas serán anfitriones para la humanidad en este Templo.

La clave mágica que abre este Retiro de Maestro Ascendido para ustedes es pensar y sentir justo antes de dormirse, *"amado Surya, estoy listo para visitar en conciencia Tu templo, a fin de bañarme en la paz y opulentes ondas de Amor Cósmico que emanan de Tu corazón y retiro. Por favor, vela porque sea llevado allá por uno de Tus mensajeros, y devuélveme a salvo a casa después de esta visita."*

Que todo el mundo, todos los días durante este período, al despertar, trate de recordar la experiencia de la noche anterior, y piense y sienta: *"YO SOY una presencia comandadora de paz hoy,"* actuando como tal a cada hora del día en casa, en la oficina, en el santuario —en todas partes.

Amable lector, yo estaré en la entrada del Templo de Paz del amado Surya en el Retiro de Suva todas las noches para darles la bienvenida.

Amor y bendiciones,
EL MAHÁCHOHÁN

⇛⇛⇛ ⇚⇚⇚

AFIRMACIÓN PARA LAS CLASES DE TRANSMISIÓN DE LA LLAMA DEL 19 DE SEPTIEMBRE

YO SOY — *inhalando / absorbiendo / expandiendo / proyectando* — el amor — la paz — la tranquilidad — y la opulencia — del amado — Surya.

APÉNDICE XII

LA PAZ, UN PRE-REQUISITO PARA LA PRECIPITACIÓN

POR EL AMADO SEÑOR SURYA

(Septiembre de 1959)

mados Hijos de Dios que ahora se encuentran sobre la faz de la Tierra, Yo los he conocido y amado durante mucho tiempo. Cuando el continente de Mu floreció en lo que ahora se conoce como el Océano Pacífico, ustedes estaban entre aquéllos de nosotros que eran los sacerdotes de la gran civilización, mediante la cual el Tercer Manú-Raíz trajo adelante la totalidad de Sus Sub-Razas. Tuve el privilegio de sostener el puente desde el Ámbito de la Divinidad para el descenso de todos ellos, para la finalización de su ciclo de experiencias y el control de la Maestría de la energía y la vibración; y luego, para su triunfante regreso a *Casa* al corazón de los ámbitos de eterno arrobamiento, en el cual ahora sirven, ayudando en la medida que su libre albedrío dirige el progreso de los habitantes del planeta.

Mediante la Gracia de Dios Todopoderoso, hemos sostenido una parte de ese magnífico continente, denominado —en los mapas modernos— la isla de Gran Fiji, donde está ubicada Suva. No es más que la punta de una de las grandes montañas del continente de Mu, en la que actualmente los sacerdotes todavía mantienen el foco de la paz, una paz como no pueden concebirla sus mentes ni sus corazones —una paz que viene del estar desconectado, por un tiempo, de la actividad vibratoria de individuos que no tienen todavía la maestría plena sobre la energía de sus propios mundos.

Les traigo hoy la paz de Suva, esa paz permanente que hemos sostenido durante millones de años.

PRESENCIA COMANDADORA DE PAZ

Amados Míos, ustedes que desean magnetizar nuevamente los dones de sus Cuerpos Causales para el propósito de bendecir sus propias corrientes de vida con liberación de toda angustia, y bendecir a todo y todos a su alrededor con la bendición de ese momentum que es suyo, a ustedes les digo que requieren de esa paz sostenida que es Nuestra en Suva —paz del cuerpo, del alma y de la mente— la cual precede la descarga desde su propia Presencia "YO SOY" a través del cordón de plata al interior de su propio Santo Ser Crístico, de esos regalos de Fe Iluminada, Sabiduría, puro Amor Divino, Pureza, Verdad, Sanación, Suministro Divino de toda cosa buena y perfecta, y del arte mayor de la invocación consciente de la Llamas Divinas que tan requeridas son una vez más para manifestar de manera visible a la visión física de la humanidad en diversos puntos estratégicos sobre la superficie de esta Tierra. Estos son los dones del Fuego Sagrado de los que han oído hablar, de los cuales hablan, que ahora podrán conocer y experimentar en cada célula y átomo de su ser cuando hayan aprendido a vivir en paz consigo mismo y a convertirse en una presencia comandadora de paz doquiera que vayan.

PODER CONSCIENTE DE PRECIPITACIÓN

Son muchos los individuos que una vez vivieron con Nosotros durante el clímax de la civilización en el continente de Mu, y que una vez más viven en la Tierra actualmente. Muchos conocieron los poderes de precipitación, y los utilizaron para poner de manifiesto —sin esfuerzo— toda bendición que requerían ellos o quienes los rodeaban. También ustedes tenían ese poder consciente cuando su motivo era únicamente el de exteriorizar cada vez más de la Perfección del Reino de Dios. Han olvidado temporalmente el poder de la precipitación consciente, pero una vez más, al llegar cerca de ustedes en pensamiento y sentimiento, palabra hablada y radiación, les damos Nuestros sentimientos, los cuales son la energía desarrollada de Nuestros propios mundos a lo largo de eras de tiempo, y eso se constituye en algo así como una transfusión al interior de sus propios sentimientos y conciencias —si pueden aceptarlo, utilizarlo y beneficiarse de la proximidad a Nuestra presencia.

Actualmente, en el planeta Tierra, el eje se mueve y los grandes vientos soplan. Hemos visto eso antes, ya que en cada época de cambio cataclísmico mayor, los elementos tenían que ser mantenidos bajo la rienda de sus poderosos directores; pero ahora la humanidad que ha aceptado Nuestra presencia en el universo, tienen la oportunidad sin par de convertirse en presencias comandadoras de paz doquiera que se encuentran, de manera que pueden hacer llover maná del cielo —tal cual lo hiciera Moisés— de manera que pueden atraer a sus propios mundos la sustancia y la energía que se requieren para hacerlos más libres en su servicio a la vida, de manera que la mismísima basta de sus vestiduras puedan ser llenadas de tal manera con gracia y sanación que sean ustedes un poder de bendición para todo lo que vive.

TRABAJO CON EL AGUA

Algunos de ustedes han visto las olas que se elevan por los cielos en los océanos actuales. Las poderosas ondinas —a veces elevándose treinta metros en espiral hacia arriba— rodean nuestra isla, pero nunca la han inundado porque el Sacerdocio de Suva es el maestro de Amor, y esas ondinas que todavía no han sido entrenadas y que están llenas con las creaciones impuestas sobre ellas aún en la mismísima cresta de sus poderosas olas, retroceden y hacen la venia ante la paz. He visto esto hacerse una y otra y otra vez, no sólo por Mí, sino por el menor de los miembros de la Hermandad de Suva, quien se para osadamente sobre la playa arenosa y mira hacia arriba a la gran montaña de agua, devolviéndola al mar a punta de amor.

TRABAJO CON EL AIRE

Lo que se ha hecho con el elemento agua también puede hacerse con el elemento aire. En Suva hemos desarrollado un anillo protector para proteger y guiar a todos los navíos y buques constructivos que cruzan el gran Océano Pacífico, y mantener en jaque a los poderosos vientos —aún el más joven de los hermanos en la isla puede hacer eso. En Suva custodiamos a muchas, pero muchas de las almas de esos individuos que aparentemente han perecido no sólo en naufragios sino también en accidentes aéreos, así como también muchos que han desencarnado en Corea durante ese desafortunado incidente en Oriente.[10] Esos individuos, no todos los cuales han hecho la Ascensión, están aprendiendo la manera de la paz, y subirán caminando por el puente a los Ámbitos de Luz, o reaparecerán de nuevo en la civilización que actualmente tánto necesita de paz, de acuerdo a su libre albedrío, su desarrollo y su plan Divino.

Ustedes han ido a Suva muchas veces, y Yo he estado con ustedes. Quiero recordarles una vez más que siempre son bienvenidos, y que pueden considerarlo un oasis en el mundo donde parece actualmente no haber la suficiente Paz Divina.

---

[10] Nota del Traductor: Se refiere aquí a la Guerra de Corea (1950-1953).

APÉNDICE XIII

LA CARIDAD COMIENZA EN CASA

Mensaje Navideño por el Ser Cósmico Caridad

(Diciembre de 1959)

urante estos días Santos, atraigamos la cualidad de caridad a nosotros, la capacidad de no juzgar en el mundo emocional, ni de criticar, condenar ni encontrar error en las corrientes de vida con las que estás asociado; sino, más bien, encontrar la cálida luz del espíritu que, a través de esa alma, se está esforzando por sublimar la naturaleza externa y devolverla a la perfección.

¿Cuánto sabes realmente acerca de las esperanzas, las aspiraciones, los sueños de la gente con que estás asociado? ¿Qué sabes acerca de las pugnas silentes y empeños por superar, los cuales yacen ocultos bajo una máscara de serenidad, los cuales a veces atraviesan dicha máscara y arrugan la cara, opacan los ojos y hacen pesado el cuerpo? ¿Cuánto *verdadero interés del corazón* has podido generar dentro del gran mar del mundo emocional, en las almas de quienes están en tu hogar, de quienes conforman tu familia inmediata?

Banal se ha tornado la expresión, "la caridad comienza en casa," empero te digo que tu vida hogareña y tu vida de grupo religioso es el sitio donde toda buena virtud, todo buen sentimiento y todo buen pensamiento debería comenzar. Tu vida hogareña y tu vida de grupo conforman el retiro en el cual, en épocas anteriores, te hubieras empeñado en la tarea de controlar la energía, hasta que tus energías pudieran cubrir, transmutar y sublimar la actividad vibratoria de la energía dirigida conscientemente a ti para probar tu fortaleza.

Muchas veces, los estudiantes en el sendero viven en hogares donde hay todavía corrientes de vida ocupadas en la búsqueda de la felicidad de acuerdo a los "soplos" de los sentidos. Igualmente, muchas veces los cuerpos emocionales de tales estudiantes sinceros irradian cierta *intolerancia*, cierta radiación de "soy más santo que tú" que no puede utilizarse para disolver las actividades vibratorias de aflicción en almas menos fuertes que el individuo en el sendero, y quienes están reunidas alrededor de dicho individuo para el *propósito específico*, no sólo de desarrollar amor dentro del estudiante, sino de iluminar —a través del corazón del estudiante— las almas de los más débiles que únicamente tienen contacto con el Santo Ser Crístico y los Maestros Ascendidos a través de ese estudiante en el hogar. *¿Sería misericordioso y sabio de parte de la Ley juntar a todos los fuertes en un sitio, y dejar en otro a los débiles reunidos?* ¡Por supuesto que no! El amor y la misericordia de Dios son tales que una persona con gran luz se convierte en la radiación del Amor del Maestro para generar un sentimiento de esperanza en el corazón de todos los conectados o relacionados con dicho individuo, tanto en casa como en la oficina.

EL AMOR VIENE ANTES DE LA FE Y LA ESPERANZA

Se ha dicho que de las tres cualidades, la de mayor radiación es la caridad. Esto quizás no se ha comprendido bien. Es una actividad de radiación consecutiva, la cual fluye a través de esta actividad triple. Un individuo que desea traer fe y esperanza a un alma, tiene primero que darle a esa alma *un Amor Divino realmente interesado*, y no hay alma, sin importar cuán oscura pueda ser su vestimenta o rebelde su naturaleza —sin importar cuán cínica pueda ser su mente ni cuán desilusionada pueda estar— que no responderá a la radiación de caridad y amor como Dios manda. Este amor estremece esa alma hasta el punto en que puede aceptar la esperanza de redención, y volver a generar un sentimiento de fe en el Poder de Dios y de todo Su reino.

REDUCE EL AMOR UNA VEZ AL DÍA

Dentro del gran mar de energía emocional, donde hierven tantas causas de zozobra a lo largo de las eras, puedo pasar la sustancia de la Llama Rosa y disolver la acumulación de discordia. Cuando tu cuerpo emocional, tu cuerpo mental y tu cuerpo etérico están de hecho *llenos* con la esencia de Amor, la presión de esa energía combinada actuará a través de la carne de manera práctica, para hacer del Amor algo que da confort a la vida que te rodea. Amados Míos, *reduzcan conscientemente el Amor Divino una vez al día* —bájenlo a la esfera en la que están activos, sea en sus tiendas por departamentos, sus edificios de oficinas, en su vida hogareña o actividad grupal, y conéctenlo con Mi Llama de Amor.

Los "soplos" que vienen de Dios son siempre equilibrados, y siempre vienen revestidos de sabiduría; siempre tienen algo que es una bendición específica a la raza, y no causará penuria a alguna otra parte de la vida debido a que ustedes se comporten de manera abundante.

NO OIGAS MAL, NO DIGAS MAL, NO SIENTAS MAL

Muchos miembros de la raza humana que emplean el nombre de Caridad, lo hacen únicamente para aliviar la conciencia —un cheque expedido, un regalo en Navidad, algo que deja la conciencia libre para volver a jugar con las actividades de los sentidos durante el resto del año. Pero no son ellos quienes irradian caridad.

En esta época de Navidad, ¿estás dispuesto a vivir en esa conciencia — a no sentir mal, a no pensar mal, a no recordar mal, a no hablar mal, a no oír mal, a no ver mal?" ¡Descuéntatelos al final del día! Verifica y entonces, alineando la actividad vibratoria de tus diversos cuerpos, permite que tu regalo de Navidad a Dios y al hombre sea un permanecer consciente con los poderes de tu propio Ser Divino; y, recuerda... ¡la caridad comienza en casa! No estés tan ocupado con tus propios pensamientos y sentimientos que no tengas tiempo para sentir la necesidad del alma de tu prójimo. Aprende a aquietarte lo suficiente como para escuchar el llamado del corazón, y está en el suficiente estado de gracia que tu vida, fluyendo hacia adelante, pueda ser un estímulo para algún alma que haya sido traída a ti, la cual necesita de una bendición.

APÉNDICE XIV

CÓMO PUEDE AYUDARTE EL ARCÁNGEL CHAMUEL

POR THOMAS PRINTZ (EL MORYA)

(Febrero de 1960)

l amado Arcángel Chamuel es, todavía, poco conocido entre los pueblos de la Tierra. Él es el gran Arcángel de Amor, Adoración y Devoción a Dios, y la bondad de Dios según se expresa a través de la humanidad. Él, junto con Su complemento Divino (la Señora Caridad *[Charity]*), está dedicado y consagrado a desarrollar en la conciencia externa de la humanidad, un verdadero ***sentido de gratitud y adoración hacia su fuente*** —Dios— y un ***sentido de estímulo hacia los empeños de sus prójimos*** para desenvolver el potencial Divino que yace enterrado en cada corazón.

SERVICIO DEL SEÑOR CHAMUEL

En vista de que toda la Hueste Angélica, particularmente los Arcángeles, todavía no están conscientes de la forma sino más bien de la esencia, color, sonido y perfume, doquiera y cuandoquiera que ven el motivo dentro de un corazón humano esforzándose por expresar la bondad de Dios, Ellos nutren este motivo y deseo mediante Su presencia y radiación, hasta que la persona que pretende exteriorizar un beneficio particular para la raza puede hacerlo.

El Arcángel Chamuel y la amada Caridad sirven en el Tercer Rayo, el cual se expresa mediante una bella radiación rosa que de hecho envuelve a quienes desean elevar a la humanidad y sacarla de la aflicción de toda índole, llevándola a una mayor liberación — personal, racial, planetaria y, finalmente, universal.

DESCRIPCIÓN DEL TEMPLO DE CHAMUEL

A Niveles Internos, el Señor Chamuel y la amada Caridad tienen un glorioso templo construido siguiendo el diseño circular que tanto le gusta a la Hueste Angélica, con una cúpula de oro e incrustado con rubíes rosados. En este templo, la Llama de Adoración a Dios y a Sus mensajeros arde fogosamente, y esta Llama es inteligentemente dirigida por el Señor Chamuel a todos los seres no-ascendidos para estimular el desarrollo de sus propios Planes Divinos particulares. Dicha Llama es llevada por la hueste angélica de las Legiones del Señor Chamuel al plano astral que rodea la Tierra (en el cual habitan temporalmente algunas personas que han atravesado el velo de la susodicha muerte). Los ángeles de Sus legiones saben que dentro del corazón de todos los hijos de Dios se encuentra un foco de Dios mismo, buscando expresarse a través del alma.

Al pararse, con Sus bellas túnicas rosadas, en las auras de tales personas, estos ángeles exhalan Su amor sobre la chispa Divina hasta que ésta comienza a expandirse. Esto es tan mecánico como la generación del fuego físico mediante el uso de un fuelle sobre las brasas en un hogar. Esta gente bendita, al no conocer a sus benefactores, son finalmente estremecidas por el amor del Señor Chamuel, de la bendita Caridad y de Sus Legiones de Amor, hasta que llegan a desear —mediante su libre albedrío— expandir sus propios planes Divinos y servir al Dios que los hizo. Es entonces que esta buena gente pide asistencia de Dios y de Sus mensajeros Divinos para auto-prepararse a servir a Dios (mientras que están en los Niveles Internos) y prepararse para servirle cuando regresan a la encarnación física.

CÓMO SIRVE LA HUESTE ANGÉLICA

Ya que la Hueste Angélica es tan desprendida, a menudo las personas a quienes sirve ni siquiera están conscientes de la presencia de su benefactor y no pueden explicar, ni siquiera a sí mismos, el despertar del deseo de hacer la Voluntad de Dios. La Hueste Angélica no se ocupa del reconocimiento de Su presencia y servicio, sino tan sólo de obras propiamente dichas llevadas a cabo para despertar el alma a un deseo de expandir las fronteras del Reino de Dios. De esta manera, muchos individuos sinceros que reciben un "llamado de hacer la Voluntad de Dios" están totalmente ajenos al estímulo de ese deseo por los Ángeles de Amor.

Esto es igualmente verdad de individuos encarnados que viven actualmente en la Tierra. La humanidad en masa no es capaz de conocer el designio de Dios para sí o para otros. Ha caído bajo el craso error de "juzgar según las apariencias humanas", y no es lo suficientemente paciente ni amorosa para reconocer el motivo detrás de las acciones que a veces son expresadas torpemente por un prójimo. Los Ángeles de Amor conocen el *motivo* detrás de todos los empeños y, doquiera que ese motivo sea sincero, sin estar teñido por el deseo humano de ganancia y engrandecimiento personal, ellos se paran desprendida y amorosamente en el aura de esas personas, ayudándolas siempre a realizar sus inspiraciones, sueños, visiones e ideas. Literalmente sostienen a esas personas en Sus brazos de amor, sosteniéndolas a lo largo de horas de pruebas y fracasos aparentes, hasta que los individuos alcanzan el éxito y otra expresión de la Santa Voluntad de Dios se hace disponible para beneficio de la raza.

LA CLAVE MÁGICA DE LA GRATITUD

Al Señor Chamuel y a la amada Caridad le tienen sin cuidado las "apariencias humanas", si bien se ocupan en gran medida de la Luz Crística que retoña, que trata de hacer estallar el caparazón de "apariencias humanas" y añadir a la luz del mundo. Todo santo, todo gran patriota, estudioso, humanitario, arquitecto, científico, misionero y maestro espiritual ha sido y es sostenido por el Rayo Rosa de Amor del Señor Chamuel.

Luego, el alma, al reconocer un poder mayor que sí misma, comienza a expresar gratitud a su Fuente (v.g. Dios), a Sus mensajeros Divinos y, finalmente, a su prójimo. Esta gratitud es un PODER. No puede sobre-enfatizarse en los tratos de un hombre con su prójimo. Un sentimiento sincero de gratitud emitido silenciosamente (o expresado audiblemente cuando las condiciones así lo permiten), acarrea una cosecha de mayores empeños de parte del recipiente del sentimiento amoroso de gratitud así expresado. De esta manera, según la experiencia humana, la gratitud es una "llave mágica" que puede utilizarse provechosamente para desarrollar el potencial Divino de cada hombre. No confundamos la adulación (que no es sincera) con la gratitud honesta por empeños realizados para aligerar la carga de individuos, familias, naciones y el planeta.

La gratitud es una virtud de Dios, expresada a través del Señor Chamuel, de la amada Caridad y Sus Legiones de Ángeles de Amor. Cuando el alma verdaderamente aprende a *sentir* gratitud hacia quienes le sirven, aún en cosas mundanas, inevitablemente esa gratitud comenzará a elevarse a la Fuente (Dios) que le ha dado su mismísima vida. La gratitud es verdaderamente la puerta abierta a mayores beneficios de parte de Dios, de sus mensajeros y de la humanidad en masa.

LA ESENCIA ROSADA, UNA REALIDAD

Todas las virtudes tienen color y sonido. La verdadera gratitud que emana desde el corazón de un individuo, es de color rosado. Cuando su gratitud se orienta hacia otros miembros de la raza humana, asume un tinte rosado delicado y tenue. Cuando se vierte gratitud a Dios y a los Seres Divinos que le sirven en adoración consciente y alabanza, asume un rosado más profundo, y literalmente abre las puertas al mismísimo Cielo. De vuelta sobre el rayo de gratitud y alabanza a la Deidad, viene más y más de esa bella esencia rosada al mundo de quien de esta manera se ocupa de bendecir a Dios. Igualmente, cada vez más Ángeles del Rayo Rosa se reúnen alrededor de un individuo de este tipo para sostenerlo en su servicio a la vida. Tengan la plena seguridad de que esta esencia rosada es una realidad, una sustancia, un poder vital viviente que estimula, nutre y expande el servicio de la persona agradecida.

Cuando la gratitud se emite a un ser humano, la corriente de energía retornante, por supuesto, no es tan grande.

El Rayo y Llama Rosada son actividades que multiplican y expanden el bien en el hombre —trátese de su status social, su bienestar físico, su estabilidad mental o su equilibrio emocional. Mucha gente, acongojada con las diversas aflicciones de mente y cuerpo, encuentra difícil generar un verdadero sentimiento de gratitud a Dios, a Sus mensajeros y a sus prójimos. Aquí, ellos pueden ser asistidos en gran medida por aquéllos que literalmente son la encarnación del ***sentimiento de gratitud y alabanza a Dios***.

A tales personas, se les recomienda que invoquen sinceramente a su Dios a que les envíe Ángeles de Gratitud a ayudarlos a sentir gratitud por la vida en general. Cuando hayan sentido la radiación y el sentimiento de gratitud a la vida transfusionado a sus mundos por los Ángeles, estarán entonces en capacidad de generar un poco de gratitud, inicialmente hacia actividades impersonales —como el sol que ilumina su camino todos los días, el agua que hace posible sus abluciones, el aire fresco que respiran, la cosecha de la naturaleza que constituye el sustento propiamente dicho de sus cuerpos físicos. Gradualmente, ellos comienzan a disfrutar de la felicidad en el sentimiento de gratitud, y les resulta cada vez más fácil estar agradecidos por los "pequeños favores" de parte de sus prójimos.

Ellos aprenden a ver más allá de las "apariencias humanas", dentro del motivo en los corazones de todas las personas que buscan hacer el bien. Entonces los Ángeles de Amor se regocijan indudablemente. Los pueblos que pertenecen a las evoluciones de la Tierra requieren de mucho entrenamiento en la generación del verdadero Amor Divino impersonal.

LA CAUSA DE INFELICIDAD

Cuando los individuos se enredan en las redes de las "apariencias humanas", les resulta fácil tornarse amargados, cínicos y malagradecidos. Estas cualidades de *sentimiento* tienen un color muy desagradable y un sonido disonante. Considerando que cada individuo vive dentro de la energía que él mismo emite, cuanto más de este sentimiento genere, tanto más infeliz se tornará. De igual manera, cuanto más sentimientos constructivos genere, tanto más feliz será. Por tanto, aún por razones personal, conviene aprender a generar un aura de naturaleza feliz, ya que tal es el "hogar" que el alma tendrá que habitar hasta que el mismo individuo cambie ese "hogar" mediante el empeño auto-consciente.

RECOMENDACIÓN DEL SEÑOR CHAMUEL

A veces resulta difícil expresar gratitud hacia una persona que aparentemente te ha perjudicado o alterado. El Arcángel Chamuel te recomienda que, en casos como éste, le des consideración a una actividad impersonal de vida que te ha beneficiado (quitando tu atención de la persona que personalmente te resulta desagradable) hasta que llegue el momento en que hayas desarrollado un sentimiento de gratitud hacia la vida en general. Luego, será comparativamente fácil dirigir un sentimiento de gratitud hacia la persona/actividad que anteriormente encontraste desagradable, y serás ricamente recompensando mediante el cambio de actitud en la persona o actividad que anteriormente te resultaba de mal gusto.

La gratitud es la ciencia de *liberar la vida de toda zozobra a punta de amor*. El amado Maestro Jesús utilizó esta ciencia y desarrolló tal momentum de amor, que ni la enfermedad, ni la limitación, ni siquiera la apariencia de la mismísima muerte lo hizo cambiar Su aura y sentimiento de gratitud para con Su Padre y el Patrón Divino en los corazones de todos los seres humanos. De esta manera, la vida (que es inteligente) respondió a Su AMOR y exteriorizó salud, opulencia y vida eterna.

INVOCACIÓN

¡Amada Presencia de Dios y amado Arcángel Chamuel! Enséñenme ahora cómo amar como ustedes aman! Ayúdenme a generar el sentimiento de gratitud hacia ustedes, hacia la Hueste Angélica, el Reino de la Naturaleza y mi prójimo. Ayúdenme a hacer del hogar de mi alma un sitio feliz, agradecido, amoroso y armonioso en el cual habitar. Luego, amado Padre y Ángeles de Amor, permítanme unirme a ustedes en liberar toda la vida a punta de amor... ¡tal cual lo hiciera el Maestro Jesús!

APÉNDICE XV

LA ILUMINACIÓN TRAERÁ PAZ

Carta Mensual a las clases de Transmisión de la Llama de 21 de Mayo de 1960

mados Hijos de Dios que buscan la Iluminación:

Este mes es verdaderamente el mes de la Iluminación, en el cual conmemoramos —este año— la Ascensión de Mi amado hijo, el Maestro Ascendido Saint Germain, la Iluminación del Señor Gautama, el Festival de Wesak y la Ascensión de nuestro amado Jesús. Demás, la consagración de las almas tiene lugar en el Templo del Sagrado Corazón de la amada María, santa madre de Jesús. El Templo de la Iluminación de los poderosos Dios y Diosa Merú es igualmente anfitrión al mundo, entre el 15 de Mayo y el 14 de Junio de 1969, y en este período de treinta días, el 5 de Junio, *celebramos la Fiesta de Pentecostés, en la cual cada año Yo dirijo una vertida de los poderes de la Presencia 'YO SOY" al interior de los Santos Seres Crísticos de todos los seres humanos.*

Por tanto, durante este mes se espera que cada chela intensifique su gratitud, su amor y su adoración a Nuestros grandes Dios y Diosa Merú, a nuestro amado Maestro Ascendido Saint Germain, al Señor Gautama (actual Señor del Mundo), al Señor Buddha (anterior Señor Maitreya), a nuestro amado Maestro Ascendido Jesús y a su santa madre, María, así como también a las actividades de los representantes del Espíritu Santo en la Tierra.

Ya es igualmente tiempo de que los chelas perseveren en su búsqueda de comprensión e iluminación para ver las causas y núcleos de sus limitaciones, para transmutarlas mediante el poder de la Llama Violeta Transmutadora a fin de que puedan percibir su concepto inmaculado y la parte asignada a cada uno de ellos en el Plan Divino.

Su asistencia diaria, en conciencia, al Templo de la Iluminación, en compañía de los magníficos caballeros padrinos (que son de gran estatura, con cabello como de oro hilado), donde se encontrarán con todos estos Grandes Seres, será una tremenda ayuda para conseguir su victoria en este empeño.

También se espera de nuestros chelas que contribuyan con su momentum espiritual a la vertida diaria de los Rayos de Iluminación desde el Templo del Dios Merú a las mentes y corazones de todos los seres humanos, en particular a las mentes y corazones de los gobernantes de países y líderes de multitudes, no sólo en el Hemisferio Sur —donde se encuentra el Templo de la Iluminación— sino en Europa, en África, en Asia y por todo el planeta.

Su amigo, gurú y servidor,

El MahaChohán

APÉNDICE XVI

APRENDAN LA AUTO-MAESTRÍA DE LA PAZ IMPERTURBADA

Carta Mensual a las Clases de Transmisión de la Llama del 21 de Enero de 1961

mados Hijos de Dios que buscan la Paz Permanente:

Bienvenidos al glorioso foco de los grandes Dioses de la Cordillera de los Andes, el Señor y la Señora Merú. Yo me encontraré con ustedes allá y, tomados de la mano, entraremos al corazón de Su Templo y escudriñaremos la Llama de la Iluminación. A ustedes se les asignará una dama madrina que se empeñará, durante este período de treinta días (15 de Enero al 14 de Febrero de 1961) en anclar primordialmente en sus sentimientos, esa paz sempiterna que nada (ni siquiera una semilla de discordia que no ha sido transmutada en sus vehículos internos o en los de otros) podrá perturbar ni vejar.

Un hombre, mujer o niño, al parender la auto-maestría de la PAZ IMPERTURBABLE bajo todas circunstancias, puede, mediante la expansión de conciencia, sostener todo un continente en perfecto equilibrio. En las eras tempranas, esta Iluminación Divina, auto-maestría y paz sostenía, le permitieron a los así-equipados sostener toda la Tierra durante su punto más bajo.

La Tierra y sus evoluciones acompañantes se están elevando ahora desde la oscuridad hacia la LUZ ETERNA, y se requerirá de muchos chelas fervorosos y merecedores que ayuden a sostener el equilibrio de la Tierra y sus evoluciones durante estos tiempos. Mediante la apertura a ustedes de los focos de los Maestros Ascendidos, y de Nuestra presencia con ustedes, tal oportunidad —como no han conocido antes— está a su alcance.

Anticipando sus visitas con nosotros en el Templo de la Iluminación y la Paz, Yo soy siempre amorosamente su amigo y servidor para un fin —¡la redención de la Tierra ahora!

Amor y bendiciones,

EL MAHÁCHOHÁN

APÉNDICE XVII

EL SERVICIO ES LA LEY DE LA VIDA

TRATADO ORIGINAL POR EL PRIMER KRISHNA CON UNA INTRODUCCIÓN POR NUESTRO AMADO SEÑOR, EL MAHÁCHOHÁN

(Julio/Agosto de 1959)

I
UNA INVITACIÓN A LA BIBLIOTECA CÓSMICA

LOS REGALOS DE LA DEIDAD –Voy a llevarlos hoy, mediante la conciencia proyectada, a Mi propio hogar en el cinturón que se encuentra alrededor del Sol detrás del sol. Vengo a todos los que están dispuestos a unirse a Mí. Son relativamente pocos los que, de todo un planeta, aceptan Mi presencia y Mi hospitalidad.

Los regalos de la Deidad *[Godhead]* son dados libremente, sin consideración alguna en cuanto a la cantidad de beneficiarios, *y sencillamente hay tanto regocijo en servir a uno como en servir a una multitud*, ya que el regocijo está en el servicio en sí, y no en la respuesta —de manera que los llevaré al corazón de Mi hogar.

LA BIBLIOTECA CÓSMICA — El Cargo de Bibliotecario Cósmico, al igual que el de MaháChohán, es ocupado por distintas inteligencias en el transcurso de la evolución de toda una raza.

El Templo del Espíritu Santo y la "prefectura" son igualmente parte del Cargo, pero los hogares individuales permanentes están separados de estos —digamos— edificios de oficinas.

El gran registro cósmico que se ha escrito en

cada civilización ha sido trasferido a esta Biblioteca Cósmica antes del cataclismo acostumbrado. Allí son mantenidos en su forma original y manuscritos ya que los diversos estilos son parte de la herencia de la raza humana, y son representativos de su cultura, su naturaleza y su evolución.

Los Hogares de los Maestros— estos templos cósmicos que son los focos de los oficiales cósmicos, están ubicados alrededor del Gran Sol Central, pero los hogares individuales de los Maestros están alrededor de los diversos planetas que representan ya sea el lugar de nacimiento de Su consciencia despierta, o un planeta adoptivo que, por vibración, conforma una atracción simpática —más o menos— para el individuo.

Por ejemplo, el Templo de la Llama Violeta del Maestro Ascendido Saint Germain está incluído en los edificios de oficina anteriormente descritos, pero Su hogar personal está en el aura de Venus, mientras que el de El Morya está en la órbita ígnea de Mercurio —y así sucesivamente. Pero hoy los traigo a Mi hogar cósmico que está conectado con el Templo del Espíritu Santo desde donde se atrae el Tercer Aspecto de la naturaleza de la Deidad *[Godhead]*, para ser dispensado en pulsaciones rítmicas a la humanidad del planeta.

II
EL KRISHNA ORIGINAL

¿CUÁNDO FUE QUE VINO EL PRIMER CRISTO?— El primerísimo de los Cristos provistos para la humanidad vino cuando, por primera vez, los individuos escogieron utilizar las fuerzas creativas de pensamiento y sentimiento independientemente de la dirección que previamente todos habían respetado y honrado dentro y a través de sus propios corazones. Fue el período a que se hace referencia en el Génesis cuando *«subía de la tierra una niebla, la cual regaba toda la faz de la tierra.»*[11]

[11] Génesis 2:6.

***LA "NIEBLA" EXPLICADA*—** Esta niebla era la efluvia o exteriorización de los procesos de pensamiento y sentimiento de las almas recalcitrantes que, habiéndole quitado las riendas de la autoridad a su propia Deidad *[Godhead]*, escogieron experimentar y exteriorizar a través de su propio libre albedrío, lo cual desde entonces se ha convertido en los ámbitos síquico y astral, así como la atmósfera baja de la Tierra.

***LA PRIMERA EDAD DORADA*—** Cuando tuvo lugar esta "caída" y se levantó la niebla sobre la faz de la Tierra, la raza ya había conocido casi un millón de años en que había reinado una Edad Dorada sin interrupción. No era necesario durante este largo período de armoniosa Expansión Divina *[God-expansion]* presentar un Cristo, ya que no había velo o niebla entre el Cielo y la Tierra, no había separación entre los Dioses y los Ángeles y los hombres.

***EL PROPÓSITO DE LOS MENSAJEROS CÓSMICOS*—** Cuando la humanidad, en grandes cantidades, escogió emitir el velo humano y apagar la Luz del Cielo, la Misericordia de las Inteligencias Cósmicas instituyeron la descarga rítmica mediante la cual los Mensajeros Cósmicos pudieran traer una remembranza y *sostener en la conciencias de los pueblos lo suficiente de la Verdad de la Vida*, asistir a las almas y purificarlas en sus viajes de retorno a sus estados perfeccionados.

***LA NECESIDAD DE MENSAJEROS CÓSMICOS*—** Desde entonces, por misericordia siempre se ha provisto un Cristo, quien era capaz de alcanzar dentro de la Más Alta y Pura Conciencia de la Divinidad; y por cuenta y a través del medio de Su Propia expresión, traer una parte de la Verdad a los pueblos.

En este período, era necesario conseguirse un Cristo de otra cadena planetaria, ya que hasta aquéllos que no habían "comido de la fruta prohibida" eran todavía niños —inocentes tal cual lo indica la primera descripción del Paraíso.

De este pequeño grupo que no deseaba una autoridad humana separada habría de desarrollarse el futuro Cristo —el Buddha, el Amado Jesús, y otros.

El Primer Krishna— El Krishna original, sin embargo, vino desde el mismo Gran Sol Central, y habitó durante algunos cientos de años en un cuerpo sostenido en belleza y perfección, que era una expresión, una exteriorización de todo lo que pudiera significar Santidad *[Godliness]*.

Herencia del Primer Krishna— Este exquisito Ser, no solamente a través de Sus Discípulos sino por cuenta de documentos escritos, dejó una herencia que ha sobrevivido cataclismo tras cataclismo, y que ha sido trasladadas por los sabios y los elegidos de un lado al otro de la faz de la Tierra. Estos documentos conformaron la base de las más antiguas escrituras y documentos que están actualmente en el corazón de India y Oriente.

En los Montes Himalayas todavía existen varios de estos documentos originales; y *todos los Vedas* y otros documentos santos que están basados primordialmente en la riqueza del material que vino desde el Gran Sol Central, y por conducto de las manos de este Krishna original, fueron escritos dentro de la sustancia de la Tierra para todas las generaciones sucesivas. En algunos de estos monasterios hay individuos que han visto, tocado, y traducido a lenguas modernas estos valiosos e imperecederos documentos, y *es uno de estos* que ahora sacaré de su cuna para que puedan ustedes examinarlo.

III
PRESERVACIÓN DE LAS ENSEÑANZAS DE KRISHNA

Preparación de la fibra— En esta era temprana de la que hablamos, una fibra muy fina era tejida de lino, así como de una planta similar que más tarde fue cultivada en los Reinos Egipcios. Cuando se le blanqueaba al sol, se le enrollaba en grandes carretes hechos de bambú, bobinas igualmente livianas si bien altamente resistentes. El material era colocado luego en grandes edificios que estaban cubiertos con techos arqueados y lados finamente tamizados, donde ni el viento ni el sol pudieran tratar las fibras hasta que las mismas fueran utilizadas.

Cómo se hacían los manuscritos— Cuando Krishna deseaba que se preservara un tratado en particular, se revestía uno de estos rollos de lino con una suave cera, y entonces el maestro privilegiado con transponer Su dictado en palabras estampaba en esta cera el Mensaje, palabra por palabra, al tiempo que iba saliendo de los labios de Krishna. El documento entero a veces comprendía varios cientos de metros.

Cuando se completaba, el mismo Krishna repasaba todo el mensaje, *y de Su Propia mano fluía la sustancia de Su conciencia y se mezclaba con la impresión,* la cual se dejaba entonces para que se endureciera. Cuando se terminaba el proceso, el rollo entero se glaseaba, si bien quedaba lo suficientemente dúctil como para ser re-enrollado en su bobina.

Cómo se leían los Manuscritos— Para leer uno de estos manuscritos, se proveían ciertos pedestales de madera dentro de los cuales el primer lado de la bobina era colocado, y entonces se hacía rodar desde abajo de derecha a izquierda, y vuelto a enrollar en una bobina vacía en el lado opuesto, y al revés enrollado de vuelta para líneas sucesivas.

Por qué se utilizaba este método— El mismo Krishna no evolucionó este método que era el Regalo de la Edad Dorada, y el cual ha pasado a través de la conciencia de la raza. Tal cual han han hecho todos los Avatares, Krishna utilizó la perfección presente, pero por Autoridad Cósmica no fue privilegiado con autoridad cósmica más de lo que Jesús hubiera sido privilegiado con el uso del aeroplano, para anticiparse a Su tiempo en Su Regalo.

Razón para esta descripción— La razón de que a ustedes se les haya dado esta descripción es porque *el panfleto que les mostraré esta mañana es el más antiguo registro conocido que antecede a la "Caída del Hombre"*, por un Cristo de otro planeta que perforó a través del velo humano para dejar una herencia permanente a la gente.

Por qué chelas anotaban los Dictados de Krishna— Krishna, sentado ante el vasto manuscrito desenrollado, hubiera podido exteriorizar los jeroglíficos mediante el pensamiento, pero Él le dio a Sus Chelas no sólo la *felicidad* sino también el *entrenamiento*, y *la parte en el mérito* que vino de la ejecución del documento. Hay una nota adicional y de mayor trascendencia. Krishna sabía que en las distantes centurias, al chelas haber escrito las palabras, chelas estarían en capacidad de leerlas; y que en el corazón de India y Tíbet, estando la energía del chela en la palabra y en su propia conciencia, al haberla estampado sobre el pergamino, no tomaría mucho revelar el significado de los jeroglíficos y despertar la capacidad de interpretar el mensaje en un lenguaje conocido en esa particular centuria, de manera que no se perdiera para las generaciones sucesivas.

Vitalización de la fuerza en palabras— Todo individuo que tenga más que un interés ordinario en las lenguas raíces de la raza, está entre ese grupo que estudió a los pies del Krishna original o de los Krishnas subsiguientes en las Edades Doradas que siguieron.

La fuerza de la palabra fue vitalizada por la bendición de ese Cristo, y eso hace que estos documentos sean más que un registro histórico; o sea, una fuerza vital, viviente y presente.

En la actualidad, hay en manos de iniciados documentos escritos que se originaron en las manos del Maestro Jesús, así como del Señor Buddha, y de todos los Seres que tienen un efecto permanente en el progreso de la raza.

*** ***

Alguna gente lee por conocimiento. En lo personal, Yo leía, aún antes de Mi ascensión, pensando amorosamente en el ser que me había dejado el regalo de su conciencia, las circunstancias del día que instaron ese regalo desde su corazón, y luego toda la gente antes de Mí que se han alimentado en la fuente y que me dejaron —impreso allí mismo en la sustancia de esa página— la Luz, el gozo y la iluminación que ellos, a su vez, recibieron de la misma; de manera que al ver este pergamino y pensar acerca de las muchas almas reverentes que anteriormente habían escudriñado esta primera figura, me encuentro como beneficiario, no sólo del Cristo que lo escribió, sino también de la riqueza que cada vida suscesiva que se benefició de él, dejó como herencia para Mí.

EL MAHÁCHOHÁN

TRATADO SOBRE EL SERVICIO

POR EL PRIMER KRISHNA

(citado del documento original)

los Hijos de Dios que hollan el Sendero de la Vida, y que en ese viaje buscan el propósito de su ser— ¡Saludos!

El Servicio es la Ley de la Vida. Desde el momento en que se da la individualización, la Llama comienza a aceptar la responsabilidad de dar un balance al Equilibrio por el privilegio de atraer el aliento, usando la Vida y sosteniendo una existencia separada mediante la cual el entendimiento y la iluminación traen libertad a la conciencia. Ya que la Ley del propio Ser es el Servicio, la experiencia de vida estará constantemente haciendo necesario que el individuo, de alguna manera, sirva a su comunidad, a su nación, a su prójimo.

Los individuos que no escogen servir son temporalmente sacados de la raza de la Vida, hasta que vuelvan a aceptar su responsabilidad de ser servidores conscientes en el Sendero de la Vida.

EL SERVICIO SÓLO A LA DEIDAD

Toda congoja, todo desencanto y desilusión, todo fracaso se da porque el impulso natural a servir dentro de la corriente de vida no ha sido iluminado hasta el punto en que el individuo sabe que el ***servicio sólo a la Deidad*** [Godhead] ***es la Ley del Ser*** y el propósito último para la Creación y la Vida sostenida.

Cuando el hombre sirve a individuos, a una nación, a un Rey, al presidente de un país, le sirve a la forma; y el retorno siempre traerá la imperfección que tal forma exteriorizada encuentra en el centro corazón de su ser.

Cuando el hombre sirve a Dios, su servicio le llevará dentro de la presencia de individuos, naciones, monarcas, y los beneficiará en gran medida, sabiendo que ni su recompensa ni su meta última vendrá de sus beneficiarios.

El hombre que ahora sirve por deber o por exactitud moral, algún día entenderá a Dios y le servirá mediante el Amor.

SERVIR COMO UN SOL

El Sol físico está brillando en el Cielo de ustedes. La humanidad es la beneficiaria de su luz, pero el sol brilla para gloria de Dios. Helios (cuya aura es el Sol para con la Tierra) no está consciente de los muchos que se benefician por su Presencia, como tampoco de aquéllos que maldicen la luz que quema los campos y que ilumina las creaciones oscuras que prefieren las sombras. Su servicio es brillar para gloria de Dios, por lo que no conoce desencanto alguno ya que hay una indefectible Fuente de Gratitud, Amor y Constancia, y ésa es la Primera Causa Universal.

Servir a Dios no quiere decir auto-desasociarse del prójimo, ni de largar las obligaciones que esa experiencia de vida ha requerido que el alma acepte, sino que es el motivo de la propia vida, acción y ser, así como ustedes regulan un termostato mediante el deseo de servir a la Primera Causa Universal del Bien.

Doquiera que se encuentren con un bien inanimado, enriquezcan la Causa del Bien pero no hasta el punto en que esperen un retorno de los objetos que se benefician por su amor a Dios, ya que el retorno suyo siempre vendrá del Sol de su propio Ser.

MALENTENDER LA LEY

Muchos seres valientes han fallado el blanco al malentender la Ley del Servicio. En cada nación hoy día hay muchos que están sirviendo a su propio deseo de autoridad en la creación de la forma mediante pensamientos y sentimientos, y de nuevo tendrán que dedicar sus almas y naturalezas al Servicio del Propósito Divino —tal como lo hace el Sol— antes de poder estar de nuevo en paz.

El Servicio es la expansión de la Llama Triple del propio ser. Es la exteriorización de las ondas de energía, y la Llama traerá en su corriente de retorno la vibración que aquello a lo cual ha servido.

Dos individuos, parados exactamente sobre el mismo punto, ejecutando exactamente los mismos actos físicos, podrán recibir una corriente de retorno totalmente distinta, determinada por la Fuerza que ellos han decidido servir antes de la actividad.

Quien se dedique a servir a la Causa de Dios trayendo felicidad a la Vida, podrá brindar la misma ministración física y, no obstante, estar totalmente aliviado de cualquier sentimiento de que una recompensa habrá de venir de parte del objeto así beneficiado.

Otro, con igual sinceridad, al detectar una necesidad de ministración y deseando aliviar alguna necesidad aparente en su objetivo exteriorizado, no centrará su servicio ni lo dedicará a Dios, sino que se apurará hacia adelante y resolverá su necesidad. Luego, habiendo servido a lo limitado, recibirá de vuelta dentro de sí sólo el regalo que lo imperfecto puede ofrecer, y si no recibe ninguno, se amargará en su servicio.

CÓMO CONOCER LA PAZ

He venido y he permanecido en la civilización suya porque mi Amor por el Padre de Luz es lo suficientemente grande como para traerle a su raza el Regalo de Su Presencia. Y cuando Mi trabajo haya terminado, Me iré, pero ni su raza ni su tiempo, ni sus fracasos ni sus éxitos entrarán en la calidad de mi Servicio.

Poco importa si hay uno o un millón, y algún día cuando ustedes se sientan de la misma manera, llegarán a conocer la Paz, ya que ***LA PAZ SÓLO VIENE CUANDO USTEDES SE ESFUERZAN AL MÁXIMO DE SUS HABILIDADES EN SERVIR A LA CAUSA DEL BIEN Y EXTERIORIZARLA***, todo esto sin preocupación por actividad externa alguna en cuanto a sus efectos para con su Servicio.

REGRESO DE KRISHNA A SU ESTRELLA

Después de terminar las citas arriba, el Mahá-Chohán comentó: "Hay una nota —indudablemente por el Bibliotecario— que lee: «*Seiscientos cuarenta años después de escribir este artículo, Krishna completó Su Servicio y regresó a Su Estrella, llevando consigo más de mil cuatrocientas corrientes de vida que obtuvieron su iluminación por cuenta de Su Servicio.*»"

INDICE TEMÁTICO

— D —

— R —

— S —

— T —

— U —

— V —

Otras publicaciones de
SERAPIS BEY EDITORES, S.A.
Serie EL PUENTE A LA LIBERTAD

LOS MAESTROS ASCENDIDOS ESCRIBEN «*EL LIBRO DE LA VIDA*»
Prácticamente toda la enseñanza para la Nueva Era que los Maestros Ascendidos canalizaron a través de «El Puente a la Libertad» en un solo volumen.Traducido por Jorge A. Carrizo. Fotos e ilustraciones. Índice Temático.[Rústica,14x21 cm, 375 pp.]

PALLAS ATENEA Y EL MAESTRO HILARIÓN HABLAN!
¿Qué tan comprometidos estamos con la búsqueda de la Verdad? Instrucción de estos dos maravillosos seres sobre este tema que es tanto impopular como imprescindible para avanzar en el Sendero. Traducido y presentado por Jorge A. Carrizo. Índice temático.[Rústica, 14x21 cm,100 pp.]

ELECTRONES del MaháChohán
Enseñanza del MaháChohán sobre la partícula más pequeña del Cuerpo de Dios, sobre la conciencia y sobre el manejo de la energía.Traducido y presentado por Jorge A. Carrizo. Índice Temático. [Rústica, 14x21 cm,175 pp.]

EL CONTROL DE LOS ELEMENTOS
El MaháChohán, los Elohim y los Directores de los Elementos hablan sobre la línea evolutiva de los Elementales. Incluye el "Servicio de Amor por los Elementales" y una sección de decretos. Traducido y presentado por Jorge A. Carrizo. Índice Temático.Ilustrado.[Rústica,14x21 cm, 168 pp.]

LA DIVINA VIRTUD DE LA FELICIDAD del Señor Ling
Quién mejor que el Dios de la Felicidad para hablarnos de esta virtud que aparenta escasear al presente. Incluye información sobre Fun Wey y Lady Dawn. Traducido por Jorge A. Carrizo. Presentado por Rodolfo Simons. Índice temático.Fotos. [Rústica, 14x21 cm, 55 pp.]

LIBRO DE CEREMONIAL DE «EL PUENTE A LA LIBERTAD»
Ceremonial del Séptimo Rayo descargado por los Maestros Ascendidos, ahora en su 6a. edición en dos volúmenes. El Volumen 1 Incluye los Servicios de **Protección, Iluminación, Amor y Gratitud, Ascensión y Vkctoria, Sanación y Verdad, Opulencia y Paz**, y **Perdón y Liberación**. El Volumen 2 incluye el **Servicio de la Orden de Zadkiel**, el **Ritual del Arcángel Miguel**, el **Servicio de Cáliz Dorado**, El **Servicio de Amor por los Elementales**, y **El Servicio de Protecciónpor los niños que entran y la Juventud**. Cada volumen incluye más de 100 páginas de Decretos adicionales .[Rústica, 14x21 cm, 275pp. cada volumen]

EL PRIMER RAYO del Maestro El Morya
Explicación exhaustiva de lo que motiva al Fundador de «El Puente a la Libertad» . indispensable para los que toman el Sendero Espiritual en serio. Índice temático. [Rústica, 14x21 cm, 105 pp.]

LOS SIETE ARCÁNGELES HABLAN
Primera publicación en Castellano del único libro escrito no "sobre" sino POR los Ángeles, en el que se da a conocer de primera fuente el Trabajo y Misión de los Directores de la Evolución Angélica. Traducido y presentado por Jorge A. Carrizo. Fotos de los Siete Arcángeles. [Rústica, 14x21 cm, 110 pp.]

LOS SIETE PODEROSOS ELOHIM HABLAN
Primera publicación en castellano de este libro, en el cual los Creadores del Universo hablan sobre los Siete Pasos de la Precipitación. Contiene fotos y seis apéndices. Traducido por Jorge A. Carrizo. Índice Temático [Rústica, 14x21 cm, 220 pp.]

MEDITACIONES DIARIAS compiladas por el Maestro El Morya
Breviario diario para el estudiante de metafísica compilado por el fundador de «El Puente a la Libertad», según el Maestro, Elohim y Arcángel de cada día de la semana. Traducción enteramente nueva de Jorge A. Carrizo. [Rústica, 10x14 cm,60 pp.]

LUZ DESDE LUXOR del Maestro Serapis Bey
Edición corregida y aumentada sobre la mecánica de la Ascensión, el misterio de las Pirámides, la razón de los Retiros de los Maestros y otros temas. Traducido y presentado por Jorge A. Carrizo. Fotos. Índice temático. [Rústica, 14x21 cm, 65 pp.]

MEMORIAS DE LA AMADA MARÍA, MADRE DE JESÚS
La Madre abre su Libro de Recuerdos para permitir acceso a revelaciones nunca antes publicadas sobre la vida privada de Jesús, el destino del Santo Grial y la primera comunidad cristiana. Traducido por Jorge A. Carrizo. Índice temático. [Rústica, 14x21 cm,145 pp.]

MANUAL DEL ESTUDIANTE DE «EL PUENTE A LA LIBERTAD»
Compendio de cinco libros en uno, en el cual figuran "Manual del Estudiante", "¿Qué es un Maestro Ascendido?", "Cómo dar y asistir a una clase", "Extractos de los Registros Esotéricos sobre el Auto-Entrenamiento", y el trascendental instructivo "Campos de Fuerza Magnética." Traducido por Jorge A. Carrizo. Índice temático. [Rústica, 14x21 cm, 150 pp.]

TRANSMISIÓN DE LA LLAMA
A raiz de la emergencia planetaria, el MaháChohán descargó la Actividad de la Transmisión de la Llama como parte del Plan de Salvación. Esta 2a.Edición corregida y aumentada incluye "Cómo usar el Santo Aliento y más! Traducido por Jorge A. Carrizo. Índice temático. Ilustrado [Rústica, 14x21 cm, 115 pp.]

OPORTUNIDAD DE LIBERACIÓN compilado por Rodolfo Simons
Compilación de toda la Instrucción dada por los Maestros Ascendidos sobre la Ley del Perdón y la Llama Violeta Consumidora a través de «El Puente a la Libertad». [Rústica, 14x21 cm, 90pp.]

EL AMOR SIGUE SIENDO EL CAMINO del Señor Maitreya
Instrucción trascendental para el cambio de milenio sobre el Amor, el Estudiante y el Sendero. Traducido por V. Mosquera. [Rústica, 14x21 cm, 90pp.]

EL SÉPTIMO RAYO del Maestro Saint Germain
Primer libro del Maestro Saint Germain publicado por "El Puente a la Libertad" en 1957, en el cual el Maestro esboza la estructura del Sacerdocio del Fuego Sagrado para la Nueva Era. [Rústica, 14x21cm, 90 pp.]

EL LIBRO DEL ARCÁNGEL MIGUEL
Compilación de la Instrucción dada por (y sobre) el Arcángel Miguel a través de El Puente a la Libertad. Compilado por R. Simons Fotos. [Rústica, 14x21 cm, 160pp.]

DIARIO DE "EL PUENTE A LA LIBERTAD" — ARCÁNGEL MIGUEL Y SEÑORA FE
Compilación de la Instrucción dada por el Arcángel Miguel y la Señora Fe a Geraldine Innocente y publicada en el «Diario de El Puente» desde 1952 hasta 1961. Se incluye el panfleto "EL ARCÁNGEL MIGUEL, SU OBRA Y SUS AYUDANTES". Traducción de Jorge A. Carrizo [Rústica, 14x21cm, 165pp. c/ volumen]

DIARIO DE "EL PUENTE A LA LIBERTAD" — EL MORYA
Compilación de toda la Instrucción dada por el Maestro El Morya a Geraldine Innocente desde 1952 hasta 1961. Publicado en dos volúmenes para facilitar su adquisición y manejo. [Rústica, 14x21cm, 220 pp. c/ volumen

DIARIO DE "EL PUENTE A LA LIBERTAD" — KUTHUMI, LANTO Y CONFUCIO
Compilación de toda la Instrucción dada por los Maestros Kuthumi, Lanto y Confucio a Geraldine Innocente desde 1952 hasta 1961. Fotos. Índice temático. Traducción de Jorge A. Carrizo. [Rústica, 14x21cm, 145 pp.]

DIARIO DE "EL PUENTE A LA LIBERTAD" — GAUTAMA Y MAITREYA
Compilación de toda la Instrucción dada por los Señores Gautama y Maitreya a Geraldine Innocente desde 1952 hasta 1961. Incluye además discursos dados por los poderosos Manús Himalaya, Merú y Saithrhu. Fotos. Índice temático. Traducción de Jorge A. Carrizo [Rústica, 14x21cm,145 pp.]

DIARIO DE "EL PUENTE A LA LIBERTAD" — EL MAHÁCHOHÁN
Compilación de toda la Instrucción dada por el MaháChohán, Director del Tercer Departamento de la Jerarquía Planetaria, a Geraldine Innocente desde 1952 hasta 1961. Índice temático. Traducción de Jorge A. Carrizo [Rústica, 14x21cm, 320 pp.]

DIARIO DE "EL PUENTE A LA LIBERTAD" — PABLO EL VENECIANO
Compilación de toda la Instrucción dada por el Chohán del Tercer Rayo a Geraldine Innocente desde 1952 hasta 1961. Incluye discursos de la Diosa de la Libertad. Índice temático. Traducción de Jorge A. Carrizo [Rústica, 14x21cm, 200 pp.]

DIARIO DE "EL PUENTE A LA LIBERTAD" — SERAPIS BEY
Compilación de toda la Instrucción dada por el Chohán del Cuarto Rayo a Geraldine Innocente desde 1952 hasta 1961.Incluye discursos de la Señora Astrea y del Arcángel Gabriel. Índice temático. Traducción de Jorge A. Carrizo [Rústica, 14x21cm, 280 pp.]

DIARIO DE "EL PUENTE A LA LIBERTAD" — MADRE MARÍA
Compilación de toda la Instrucción dada por María, Madre de Jesús a Geraldine Innocente. Incluye discursos del Arcángel Rafael. Índice temático. Traducción de Jorge A. Carrizo [Rústica, 14x21cm, 210 pp.]

DIARIO DE "EL PUENTE A LA LIBERTAD" — JESÚS
Compilación de toda la Instrucción dada por el Maestro Jesús, Avatar de la Era de Piscis, a Geraldine Innocente desde 1952 hasta 1961. Índice temático. Traducción de Jorge A. Carrizo [Rústica, 14x21cm, 250 pp.]

DIARIO DE "EL PUENTE A LA LIBERTAD" — HILARIÓN
Compilación de toda la Instrucción dada por quien fuera San Pablo en la Era Cristiana, a Geraldine Innocente desde 1952 hasta 1961. Índice temático. Traducción de Jorge A. Carrizo [Rústica, 14x21cm, 150pp.]

DIARIO DE "EL PUENTE A LA LIBERTAD" — PALLAS ATENEA
Enseñanza descargada por la Diosa de la Verdad a través de Geraldine Innocente desde 1952 hasta 1961. Incluye los CÁLICES DE SANACIÓN. Índice temático. Traducción de Jorge A. Carrizo [Rústica, 14x21cm, 110pp.]

DIARIO DE "EL PUENTE A LA LIBERTAD" — LADY NADA
Enseñanza descargada por la Diosa de Amor Divino a través de Geraldine Innocente desde 1952 hasta 1961. Incluye discursos del Arcángel Uriel, Señor Mercurio y Señor Surya. Índice temático. Traducción de Jorge A. Carrizo [Rústica, 14x21cm, 130pp.]

DIARIO DE "EL PUENTE A LA LIBERTAD" — SAINT GERMAIN
Compilación de toda la Instrucción dada por el Maestro Saint Germain a Geraldine Innocente desde 1952 hasta 1961. Se incluyen, discursos de los demás señores del Fuego Violeta, entre los cuales figuran "TEMPLOS PORTÁTILES DE FUEGO VIOLETA" y "LA ACTIVIDAD DEL CETRO DE ARCTURUS". Publicado en dos volúmenes para facilitar su adquisición y manejo. [Rústica, 14x21cm, 165pp. c/ volumen]

DIARIO DE "EL PUENTE A LA LIBERTAD" — KWAN YIN
Enseñanza descargada por la Diosa de la Misericordia a través de Geraldine Innocente desde 1952 hasta 1961. Incluye discursos nunca antes publicados del Maestro Saint Germain. Índice temático. Traducción de Jorge A. Carrizo [Rústica, 14x21cm, 140pp.]

DIARIO DE "EL PUENTE A LA LIBERTAD" — SANAT KUMARA
Enseñanza que el anterior Señor del Mundo y actual Regente planetario nos legara a través de Geraldine Innocente desde 1952 hasta 1961. Incluye discursos de Lady Venus, Lady Meta y temas relacionados con Shamballa. Índice temático. Traducción de Jorge A. Carrizo [Rústica, 14x21cm, 175pp.]

BOLETINES PRIVADOS DE THOMAS PRINTZ (CARTAS DE SHAMBALLA)
Primera publicación en castellano de la enseñanza esotérica de «EL PUENTE A LA LIBERTAD» descargado por el MaháChohán a través Geraldine Innocente desde 1952 hasta 1961, enviada originalmente cada semana a los instructores de "El Puente", ahora disponible en cinco volúmenes. Índice temático. Traducción de Rodolfo Simons y Jorge A. Carrizo [Rústica, 14x21cm, 320pp. cada volumen]

Serie SAINT GERMAIN - Actividad "YO SOY"

MISTERIOS DEVELADOS DE GODFRÉ RAY KING
Libro que narra el principio de la Nueva Era, partiendo de la reunión del Maestro Saint Germain con Guy Ballard en Mt. Shasta Traducido por Jorge A. Carrizo. Índice temático [Rústica, 14x21 cm, 200pp.]

LA MÁGICA PRESENCIA DE GODFRÉ RAY KING
Continuación de los sucesos narrados en "MISTERIOS DEVELADOS." Contiene detalles de los Retiros de los Maestros, del Acelerador Atómico y de las Ascensiones en América. Traducido por Jorge A. Carrizo. Índice temático [Rústica, 14x21 cm, 290 pp.]

PLÁTICAS DEL "YO SOY" (LIBRO DE ORO) DEL MAESTRO SAINT GERMAIN
Primer "Libro de Oro" de la Serie Saint Germain, con enseñanza fudamental, entre otras, sobre el Auto-Control y la Auto-Corrección. Versión completa y fidedigna del original, en la cual se incluyen las Invocaciones y Bendiciones de Saint Germain. Traducido por Jorge A. Carrizo. Índice temático [Rústica, 14x21 cm, 260pp.]

INSTRUCCIÓN DE UN MAESTRO ASCENDIDO DEL M. SAINT GERMAIN
Después de 30 años de silencio, aparece el Segundo "Libro de Oro" de la Serie Saint Germain. Disponible por primera vez en castellano. Traducido por Jorge A. Carrizo. Índice temático [Rústica, 14x21 cm, 210 pp.]

EL AMADO SAINT GERMAIN HABLA

Tercer "Libro de Oro" de la Serie SaintGermain. Disponible por primera vez en castellano. Traducido por Jorge A. Carrizo. Índice temático [Rústica, 14x21 cm, 180 pp.]

DISCURSOS DEL "YO SOY" PARA LOS HOMBRES DEL MINUTO/SAINT GERMAIN

Cuarto "Libro de Oro" de la Serie Saint Germain, con instrucción precisa para todos aquellos hombres y mujeres que libre, voluntaria y alegremente estén dispuestos a responder "en un minuto" al llamado de Liberación Planetaria del Maestro. Traducido por Jorge A. Carrizo. Índice temático [Rústica, 14x21 cm, 260 pp.]

DISCURSOS DEL "YO SOY" DEL PODEROSO VÍCTORY

El Maestro Alto de Venus, quien encarna la Cualidad Divina del Logro Victorioso para el Cosmos, y quien dio por terminada la Ley Oculta en 1931, ofrece ahora su ayuda para que los estudiantes puedan manifestar esta Cualidad Divina en sus diarios quehaceres. Traducido por Jorge A. Carrizo. Índice temático [Rústica, 14x21 cm, 200 pp.]

DISCURSOS DEL "YO SOY" DE LOS MAESTROS ASCENDIDOS

Allí donde terminó "La Mágica Presencia" comienza este libro. Todos los protagonistas cuya Ascensión quedó registrada en "Misterios Develados" y "La Mágica Presencia" hablan ahora desde la perspectiva de Maestros Ascendidos. También contiene discursos de Saint Germain, Víctory, el Gran Director Divino, el Elohim Orión, David Lloyd, Cha Ara y Lady Nada concernientes a la Ascensión. Traducido por Jorge A. Carrizo. Índice temático [Rústica, 14x21 cm, 230 pp.]

DISCURSOS DEL "YO SOY" DE DAVID LLOYD

El Dios del Agradecimiento, a quien como David Lloyd ayudara Guy Ballard a ascender sobre la ladera de Mount Shasta, nos ofrece ahora un tratado sobre el Agradecimiento, el Plan Divino y la Ascensión. Traducido por Jorge A. Carrizo. Índice temático [Rústica, 14x21 cm, 210 pp.]

DISCURSOS DEL "YO SOY" DEL GRAN DIRECTOR DIVINO

Discursos descargados por el Manú de la Séptima Raza-Raíz y Maestro de Maestros durante el ministerio del señor Ballard (1937-1939). Traducido por Jorge A. Carrizo. Índice temático [Rústica, 14x21 cm, 300 pp.]

LUZ DE LOS MAESTROS ASCENDIDOS

Culminación de la Enseñanza que los Maestros Ascendidos dictaron a través de Godfre Ray King durante su ministerio al final de la década de los 1930's. Contiene el primer discurso del Maestro Serapis Bey después de miles de años de silencio y el famoso Discurso #5 de Sanat Kumara. Incluye también Discursos de Saint Germain, Astrea, Jesus, Chananda, Lanto, Kuthumi, El Morya, Lady Nada, Gran Director Divino y otros Maestros. Libro de suma importancia publicado en dos volumenes.Traducido por Jorge A. Carrizo. Ilustrado. Índice temático [Rústica, 14x21 cm, dos volúmenes de 190pp. cada uno]

DISCURSOS DEL "YO SOY" DEL MAESTRO BOB

Enseñanza de un Maestro Ascendido "joven", cuya Ascensión quedó registrada en "La Mágica Presencia", y los cuales fueron descargados durante el ministerio del señor Ballard (1937-1939). Traducido por Jorge A. Carrizo. Índice temático [Rústica, 14x21 cm, 150 pp.]

LA VOZ DEL "YO SOY"

Compilación en ocho volúmenes (1935 a 1943), de la Revista de la Actividad YO SOY pubicada por Charles Sindelar en California. Contentiva de la mitad de la Enseñanza de los Maestros Ascendidos descargada a través de Godfré Ray King. Ilustrado. Traducido por Jorge A. Carrizo. Índice temático [Rústica, 14x21 cm, 8 volúmenes @ 350 pp. CADA UNO]

DECRETOS DEL "YO SOY" PARA LA SANACIÓN Y LA ASCENSIÓN

Prontuario de decretos para la actividad ascensional y sanadora de los Rayos Cuarto y Quinto, e instrucción sobre la Ascensión por David Lloyd. Traducido por Jorge A. Carrizo. Ilustrado. Índice temático [Rústica, 14x21 cm, 180 pp.]

DECRETOS DEL "YO SOY" PARA LA VICTORIA

El Poderoso Víctory, quien encarna el Espíritu de la Victoria, nos ofece este prontuario de decretos para la actividad victoriosa del Primer Rayo Azul, la cual todo ser humano tiene ya asegurada por Derecho Divino en tanto haga el Llamado. Traducido por Jorge A. Carrizo. [Rústica, 14x21 cm, 80pp.]

DECRETOS DEL "YO SOY" PARA LA OPULENCIA

Prontuario de decretos para la actividad de la Precipitación del Suministro al cual todo ser humano tiene Derecho Divino. Traducido por Jorge A. Carrizo. [Rústica, 14x21 cm, 160pp.]

SERIE EMMET FOX

ALFA Y OMEGA

"El Libro del Génesis" y "El Libro de las Revelaciones (Apocalipsis)" explicados por este insigne metafísico del siglo XX. Incluye "Los Siete Días de la Creación", "Adán y Eva", "La Torre de Babel", "Noé y el Arca", "Los Cuatro Jinetes del Apocalipsis", y más. Traducido por Jorge A. Carrizo. [Rústica, 14x21 cm, 140 pp.]

EL NIÑO DE LAS MARAVILLAS Y LOS SALMOS

La develación del Cristo Interno en cada persona explicada magistralmente y en palabritas de a centavo por este gran místico del siglo XX. Contiene además "La Llave de Oro", así como la explicación metafisica de "El Padre Nuestro", de la historia de Job y de los Salmos 18, 23, 24, 27, 46 y 91. Traduccido por Jorge A. Carrizo. Índice temático [Rústica, 14x21 cm, 130 pp.]

LA PLUMA MÁGICA DE EMMET FOX

El Viejo Testamento se abre ante el lector como por arte de magia. Incluye temas controversiales como "El Zodiaco y la Biblia", "Cambia tu vida", "¿Pueden las estrellas ayudarte?" y otros, además, se incluye aquí las disertaciones "El Espíritu Americano" y "El Destino Histórico de Estados Unidos". Traducido por Jorge A. Carrizo. Índice temático [Rústica, 14x21 cm, 160 pp.]

EL NUEVO TESTAMENTO

Volumen 2 de "La Pluma Mágica," en el cual se consideran temas de la enseñanza de Jesús y de San Pablo. Incluye "Agua, mujeres y Luna"; "Relato de dos Mujeres"; "El Vestido, el Anillo y los Zapatos"; "Lo que Jesús enseñó acerca de la Navidad", "Matrimonio y Divorcio", "La Segunda Venida" y más. Traducido por Jorge A. Carrizo. Índice temático [Rústica, 14x21 cm, 165 pp.]

LOS DIEZ MANDAMIENTOS

La Ley del Ser según la presentara Moisés a la humanidad, ahora reconsiderada por este eminente místico del siglo XX. Libro especialmente dedicado a los que le tienen alergia a todo lo que suene a "ley" u "obligación". Traducido por Jorge A. Carrizo. Índice temático [Rústica, 14x21 cm, 155 pp.]

PUNTOS Y ASPECTOS DE DIOS

Volumen 3 de "La Pluma Mágica",de donde Conny Médez extrajo su "4en1". Incluye "Vida después de la Muerte"; "La Reencarnación"; "El Equivalente Mental"; "La Dieta de los Siete Días"; "El diezmo" y más. Traducido por Jorge A. Carrizo. Índice temático [Rústica, 14x21 cm, 215 pp.]

EMMET FOX: El Hombre y su Obra de Harry Gaze

Este libro nos da la oportunidad de conocer al hombre detrás de la obra desde la perspectiva de un colega y amigo íntimo.Compaginación de la vida del autor con extractos de su obra. Traducido por Jorge A. Carrizo. Índice temático [Rústica, 14x21 cm, 150 pp.]

EL SERMÓN DEL MONTE

Nueva traducción de la obra maestra por excelencia de este gran maestro de la espiritualidad occidental, en la cual se explaya sobre lo que, a todas luces, bien puede constituir el núcleo de la enseñanza de Jesucristo. Traducido por Jorge A. Carrizo. Índice temático [Rústica, 14x21 cm, 145 pp.]

TODO EL AÑO CON EMMET FOX

Nueva forma de abordar el calendario, en la que a todos y cada uno de los días del año se le asigna una porción de la enseñanza de este gran maestro metafísico, junto con una o más citas apropiadas de la Biblia. Traducido por Jorge A. Carrizo. [Rústica, 14x21 cm, 379 pp.]

ENCUENTRA Y UTILIZA TU PODER INTERNO

Frente a la "enseñanza larga" de este gran maestro de Espiritualidad, aparece ahora la primera de tres compilaciones de «Chispitas de Sabiduría», en las que Emmet Fox nos comprueba que la seriedad y el sentido de humor van necesariamente de la mano. Contiene Los "No puede hacerse", "Páginas del Manual del Tonto", "Es más divertido ser inteligente", y mucho más! Traducido por Jorge A. Carrizo [Rústica, 14x21 cm, 200 pp.].

RECLAMA LO TUYO

Segundo volumen de las «Chispitas de Sabiduría» de Emmet Fox, en el que el autor considera la actitud de reclamar lo propio como elemento sine qua non en el Sendero Espiritual. Contiene "Casucha o palacio", "Usa esa escoba", "La mina de oro interna", y los estimulantes "Reflectores". Traducido por Jorge A. Carrizo [rústica, 14x21cm, 150 pgs]

DALE VALOR A TU VIDA

Tercer volumen de las «Chispitas de Sabiduría» de Emmet Fox.Contiene "¿Qué NO ES la Metafísica?", "El rabo no menea al perro", "Las Grandes Leyes Mentales", "..¡y mucho más! Traducido por Jorge A. Carrizo [rústica, 14x21cm, 150 pgs]

MI AMIGO EMMET FOX de Herman Wolhorn

Finalmente hace su aparición esta biografía de Emmet Fox realizada por su mejor amigo, quien, junto con su esposa Blanche, lo acompañaran durante 20 años hasta su fallecimiento. La enseñanza de EF vista desde la perspectiva de un amigo, además de la sección de "Reminiscencias" contentiva de anécdotas y detalles de su vida nunca antes revelados. Traducido por Jorge A. Carrizo. Índice temático [Rústica, 14x21 cm, 270 pp.]

Serie VARIEDADES METAFÍSICAS

PLÁTICAS SOBRE EL SENDERO DEL OCULTISMO, Vol. 1

Compendio de las charlas que, sobre A LOS PIES DEL MAESTRO, impartieran Annie Besant y C.W. Leadbeater. Fotografías inéditas. Índice Temático.[Rústica, 14x21 cm, 300 pp.]

EL APEGO Y EL SENDERO DE LA ILUMINACIÓN de Tony DeMello

Libro práctico para el despertar espiritual. Perspectiva de la religión universal por un jesuita hindú. Presentado por Jorge A. Carrizo. Índice temático. Ilustraciones [Rústica, 14x21 cm, 100 pp.]

MILAGROS DE HOY de William J. Cassiere (Brother Bill)

Relatos de diferentes milagros realizados en la vida diaria al aplicar la Práctica de la "Presencia YO SOY". Traducido por Rodolfo Simons. [rústica, 14X21cm., 85 pp.]

EL LIBRO DE EMMANUEL compilado por Pat Rodegast y Judith Stanton

Bálsamo Espiritual desde la perspectiva del otro lado del velo. Un solo volumen en castellano de los dos volúmenes en inglés. Fundamental para la eliminación del miedo de la vida del lector. Traducido y presentado por Jorge A. Carrizo [Rústica, 14x21 cm, 200 pp.]

EL HOMBRE: SU ORIGEN, SU HISTORIA Y SU DESTINO de Werner Schroeder

Utilizando una variedad de fuentes, este libro presenta la historia no registrada de la humanidad. Escrito en orden cronológico, el lector se entera de las condiciones que prevalecían durante el advenimiento del hombre a la Tierra, incluyendo su origen y su edad. Consideraciones importantes sobre Lemuria y Atlántida. Igualmente se incluyen relatos de la historia oculta de Jesús y de los oráculos de Delfos. Se ofrecen soluciones prácticas para hacerle frente a la crisis planetaria actual. Traducido por Jorge A. Carrizo [Rústica, 14x21 cm, 300 pp.]

METAFÍSICA: 21 LECCIONES ESENCIALES de Werner Schroeder

Aquí se explica la Ley Cósmica, las Siete Iniciaciones, los Siete Rayos y el proceso de Ascensión, en instrucciones graduales y escritas de manera sencilla para su fácil asimilación. Lectura obligada para los líderes grupales y para todos aquelllos estudiantes que se vean en la necesidad de estudiar por cuenta propia.[Rústica, 14x21 cm, tres volúmenes de 120, 140 y 220 pp. respectivamente]

LA LEY DE PRECIPITACIÓN de Werner Schroeder

El fundador de la AMTF dedica este libro a la explicación detallada de la Ley de Precipitación, además de incluir detalles exquisitos sobre la vida y obra de precipitadores reconocidos (Guy Ballard, Brother Bill y Geraldine Innocente). Ilustrado [Rústica, 14x21 cm, 190pp.)

ASISTENCIA ACTUAL DE LA MADRE MARÍA PARA TENER NIÑOS NACIDOS PERFECTOS de Werner Schroeder

Compilación de los esfuerzos de la Madre María para reclutar a la humanidad a fin de conseguir que sólo nazcan niños perfectos, según figura en los anales de "El Puente a la Libertad". Capítulo exclusivo sobre el registro y actividades del "Grupo de Filadelfia" originario de "El Puente a la Libertad. Ilustrado [Rústica, 14x21 cm, 200pp.)

CANTORAL DEL GRUPO SERAPIS BEY editado por Jorge A. Carrizo

3a edición de la compilación de letras adaptadas por miembros del Grupo Serapis Bey a llaves tonales y piezas famosas, con el propósito de complementar la Actividad Ceremonial del Séptimo Rayo. Ilustrado [Rústica, 14x21 cm, 145pp.)

PRÓXIMAS PUBLICACIONES

1. *El Gurú y el Chela / La Sabiduría de las Edades* — Maestro Kuthumi [traducción de Rodolfo Simons]
2. *La Ley de la Vida vols 1-III - A.D.K. Luk* [traducción de Rodolfo Simons]
3. *Retiros de los Maestros Ascendidos — Werner Schroeder* [traducción de Jorge A. Carrizo]

EL SONIDO DE LA LUZ EN CD

Las Llaves Tonales disponibles ahora en Discos Compactos de altísima fidelidad, para facilitar la realización de los Servicios y la Instrucción, así como para la Musicoterapia.

LLAVES TONALES DEL PRIMER RAYO-AZUL Vol. 1 Incluye *Pompa y Circunstancia Nº1, Jerusalem, Believe Me if all those Endearing Young Charms, Fairy's Ring, Land of Hope and Glory, Panis Angelicus, Intermezzo de "Karelia", Coro de los Soldados de "Fausto", San Michele Arcangelo, Die Moldau* y *Variación Nº9 "Nimrod"* ***#CD-01***

LLAVES TONALES DEL PRIMER RAYO-AZUL Vol. 2 Incluye *Sinfonía #5 (Beethoven), The Heavens resound, Piano Concerto #1 (Beethoven), Cosmos, Concierto de Varsovia, Rose of England, Coro Nupcial (Lohengrin), Pie Jesu, Intermezzo (Notre Dame)* y *Joy to the World* ***#CD-02***

LLAVES TONALES DEL SEGUNDO RAYO-DORADO Vol. 1 Incluye *Canción de la India, Adagio para Cuerdas Op. 11, Kashmir Song, Guige del "Canon en Re", La Source, Fantasía sobre un tema de Thomas Tallis, Moonbeams Shining, Aire sobre la cuerda de sol, O du mein holder Abendstern* y *Au Fond du Temple de "Pescadores de Perlas"* ***#CD-03***

LLAVES TONALES DEL SEGUNDO RAYO-DORADO Vol. 2 Incluye *El Ascenso de la Alondra, Ascenso a la Ciudad Invisible de Kitezh, Escena y Danza con los Dedos Dorados, Intermezzo (Carmen), Cuadros en una Exhibición, Greensleves, Alfa* y *Obertura (La Forza del Destino)* ***#CD-04***

LLAVES TONALES DEL TERCER RAYO-ROSA Vol. 1 Incluye *At Dawning, Piano Concerto Nº 2 (Rachmaninoff), Piano Concerto Nº 1 (Chopin), Regina Coeli, Sonata 'Patética", Sinfonía Nº 2 (Sibeluis)* y *Adagietto* ***#CD-05***

LLAVES TONALES DEL TERCER RAYO-ROSA Vol. 2 Incluye *Homing, Largo (Nuevo Mundo), Concersück para Arpa y Orquesta, Beautiful Dreamer, Caprice Vennois, 18a. variación sobre un tema de Paganini, Abide with me, Adagio (Sinf. #2), Intrutina (Carmina Burana) La Fille aux cheveux de lin* y *Polovtsian Dances 1 y 2.* ***#CD-06***

LLAVES TONALES DEL CUARTO RAYO-BLANCO Vol. 1 Incluye *Liebestraum, Ópera Akhnaten, Bendición de Dios en la soledad, Piano Concerto Nº 5 (Saint-Säens)* y *Piano Concerto Nº 2 (Rachmaninoff)* ***#CD-07***

LLAVES TONALES DEL CUARTO RAYO-BLANCO Vol. 2 Incluye *Marcha Triunfal (Tannhäuser), Coro de los Peregrinos (Tannhäuser), Romance, Intermezzo (Cavalleria Rusticana), Notturno Op. 70, Preludio (Parsifal), Nessum Dorma, Clair de Lune, Liebestod* y *Marcha Triunfal (Aida)* ***#CD-08***

LLAVES TONALES DEL QUINTO RAYO-VERDE Vol. 1 Incluye *Tocatta y Fuga en re menor, Onward Christian Soldiers!, Scheherezade Op. 35, Canon en Re Mayor, Whispering Hope, Soñadores Despierten, Ave María, O Little town of Bethlehem, Arabesque Nº 1* y *Canto de Sanación Hopi Nº1* ***#CD-9***

LLAVES TONALES DEL QUINTO RAYO-VERDE Vol. 2 Incluye *M'Appari, Venusberg (Tannhäuser), Una furtiva lágrima, Opera Sauvage, Ave Verum Corpus, Preludio #9, Saturno, Campanella, Sinfonía Concertante* y *Kyrie (Misa en Sí menor)* ***#CD-10***

LLAVES TONALES DEL SEXTO RAYO-ORO RUBÍ Vol. 1 Incluye *Deep River, The Holy City, My Hero, Oración de los Niños, La Cathedrale Engloutié, Canción de Cuna, Finlandia, Spen in Allium, Pavana para una infanta difunta, Laudi alla Vergine María* y *Che faro senza Eurydice* ***#CD-11***

LLAVES TONALES DEL SEXTO RAYO-ORO RUBÍ Vol. 2 Incluye *Deep River, Lara's Theme, Adagio(Violin Concerto#2), Adagio (Piano Concerto #2), Impromptu #3, Tema de Abraham, Escuchando el primer cucú en la primavera, Luz Primigenia (Sinfonía #2), Gymnopedies #3, Suite Romeo y Julieta* ***#CD-12***

LLAVES TONALES DEL SÉPTIMO RAYO-VIOLETA Vol. 1 Incluye *Concierto de Aranjuez, 1492—La Conquista del Paraíso, Va pensiero, Polonaise en La bemol Mayor, Música de Fuego Mágico, Obertura 1812* y *Cabalgata de las Walkirias* ***#CD-13***

LLAVES TONALES DEL SÉPTIMO RAYO-VIOLETA Vol. 2 Incluye *Spiral, Adagio (Concierto para clarinete), Waltz en do menor, Op. 64, Deliverance, Fanfare for the Common Man, En el jardín de un monasterio, Sakura sakura, Andante («Misterious Mountain»), Morning Song, 2o. movimiento (Sinfonía #3)* ***#CD-14***

MÚSICA DE LOS ÁNGELES Vol. 1 Incluye *Battle Hymn of the Republic; Nuns Chorus ("Casanova"); Va Porgi, amor, qualche ristoro; Duo Seraphim clamabant; Marcha Triunfal ("Aida"); Kyrie ("Misa de Gloria); Laudate Dominus; Domine Deus ("Gloria"); Nearer, my God, to Thee; Oración de los Niños (Hansel & Gretel); You'll never walk alone; Pizzicato Polka; Poco Adagio (Sinfonía #3; Finale (Suor Angélica);* y *Hallelujah ("Messiah)* ***#CD-15***

MÚSICA PARA EL SERVICIO DE LA ORDEN DEL ARCANGEL ZADKIEL Incluye *Also Sprach Zarathustra, Polonaise en La bemol Mayor, Cabalgata de las Walkirias, Obertura 1812, Música de Fuego Mágico, 1492–La Conquista del Paraíso* y *Concierto de Aranjuez* ***#CD-17***

MÚSICA PARA EL RITUAL DEL ARCÁNGEL MIGUEL Incluye *Intermezzo de "Karelia", Coro de los Soldados ("Fausto") San Michele Arcangelo, Marcha Festiva ("Tannhauser") Preludio al 3er acto ("Parsifal") y Die Moldau* ***#CD-18***

MÚSICA PARA EL CEREMONIAL DE PROTECCIÓN Y ORDEN DIVINO Incluye *Also Sprach Zarathustra, Miserere mei, Die Moldau, San Michele Arcangelo, Pompa y Circunstancia, Intermezzo (Karelia), 5a. Sinfonía (Beethoven), Adagio en Sol Menor* y *The Fairy Ring* ***#CD-19***

MÚSICA EL PARA CEREMONIAL DE ILUMINACIÓN Incluye *Overtura Helios, Allegro (Piano Concerto #2), Fantasía sobre un tema de Thomas Tallis, Kashmir Song #4 (vocal e instrumental), Canción de la India, The Lost Chord* ***#CD-20***

MÚSICA PARA EL CEREMONIAL DE AMOR DIVINO Y GRATITUD Incluye *Allegro (Piano Concerto #2), Spartacus, Himno al Sol (Iris), Largo (Sinfonía #2), Sinfonía #8 (Mahler), Concerstück para Arpa y Orquesta, Adagio (Piano Concerto #2)* ***#CD-21***

MÚSICA PARA EL CEREMONIAL DE ASCENSIÓN Y VICTORIA Incluye *Preludio (Parsifal), Romance Op. 16, Andante (Piano Concerto #5), Prólogo (Mefistófeles), Akhnaten, Notturno* y *Bendición de Dios en la Soledad* ***#CD-22***

MÚSICA PARA EL CEREMONIAL DE SANACIÓN Y VERDAD Incluye *Also Sprach Zarathustra, Metamorphosen, Gloria, Sanctus, Onward Christian Soldiers!, Opera Sauvage, Kyrie (Misa en sí menor), Una Furtiva Lagrima, Scherezade Op. 35, Adagio (Piano Concerto #2)* ***#CD-23***

MÚSICA PARA EL CEREMONIAL DE OPULENCIA Y PAZ Incluye *Deep River (vocal e instrumental), The Holy City, Adagio (Vln. Conc.#2), Intermezzo ("Notre Dame"), Laudi alla Vergine Maria, Oración de los Niños ("Handsel und Gretel") Finlandia, La Cathedrale engloutie, Canción de cuna* ***#CD-24***

MÚSICA PARA EL CEREMONIAL DE PERDÓN Y LIBERACIÓN Incluye *Fanfare for the Common Man, 2o. Movimiento (Sinfonía #3), Sakura sakura, en el Jardín del Monasterio, Espiral, Adagio (Conc. para clarinete), Deliverance, Va Pensiero* ***#CD-25***

MÚSICA PARA EL SERVICIO DE TRANSMISIÓN DE LA LLAMA — Templo de la Resurrección Incluye *5o. movimiento (Sinfonía Resurrección), Whispering Hope, Onward Christian Soldieres!, Música de Fuego Mágico, Pie Jesu, Soñadores Despierten Misa en Si menor, Ave María, Intermezzo (Cavalleria Rusticana), Pie Jesu, Joy to the World* ***#CD-26***

MÚSICA PARA EL SERVICIO DE TRANSMISIÓN DE LA LLAMA — Retiro del Royal Teton Incluye *Entrada de los Dioses al Valhalla, Odu menin holder Abendstern, Onward Christian Soldiers, Música de Fuego Mágico, The Lark Ascending, Aire sobre la cuerda de Sol, Escena de la Foresta/Ascenso a Kitezh, EScena y Danza con los Dedos Dorados, Au Fond du Temple Saint, Joy to the World.* ***#CD-27***

MÚSICA PARA EL SERVICIO DE TRANSMISIÓN DE LA LLAMA — Retiro de Shamballa Incluye *Himno al Sol,Canción de la India ,Onward Christian Soldiers, Música de Fuego Mágico, 4o. movimiento (Sinf.#6 Beethoven), 18a. Variación sobre un tema de Paganini, Abide by me, Caprice Vennois, Ah sweet mistery of life, Joy to the World* ***#CD-28***

MÚSICA PARA EL SERVICIO DE AMOR POR LOS ELEMENTALES Incluye *O Sole Mio, 4o. Movimiento (Sinfonía #2 en re menor), Preludio #9 en Mi mayor, Moonbeams Shining, Spiral, Nieges, Sirénes, 1er. Movimiento (Piano Concerto #1), Rose of England, Adagietto, Obertura Helios* ***#CD-29***

MÚSICA PARA EL CEREMONIAL DEL CÁLIZ DORADO Incluye *Allegro (Piano Concerto #2), Spartacus, Canción de la India, Gloria, Sanctus, Adagio por Strings, 2a. Sinfonía (Resurrección)* ***#CD-31***

MÚSICA PARA EL CANTORAL DEL "SERAPIS BEY", Vol. 1 Incluye *Canto a la Obediencia, Al amado Arcángel Miguel, Canto al Poderoso Víctory , A los amados Miguel y Astrea, Canto al amado El Morya , Gracias, Kuthumi, Al amado Señor Maitreya, Canto de Gratitud, Canto a Pablo El Veneciano, Canto al Confort, Oh, Mi Gran Señor MaháChohán, Al amado Serapis Bey, ¡Amada Astrea, ven!, A los amados Claridad y Astrea, Canto de la Verdad, Canto de la Felicidad, Al Amado Jesús, Nada es Amor, Canto a la Llama Violeta, Canto a la amada Kwan-Yin, ¡Te amo, Saint Germain!, Canto a la Querubina Lovelee, A la Hueste Angélica, A los Elementales, Al Gran Tribunal Kármico* ***#CD-32A***

MÚSICA PARA EL CANTORAL DEL "SERAPIS BEY", Vol. 2 Incluye *A la amada Señora Fe, Al Poderoso Hércules y Amazona, A Himalaya Manú, A Vaivaswatta Manú, Al Dios y la Diosa Merú, Al Gran Director Divino, Canto al amado Gautama, Al amado Señor Lanto, Al MaháChohán y Pallas Atenea, Cántico al MaháChohán, Canto al Amor Divino, A la Llama Triple, Al amado Sanat Kumara, A los Señores de la Resurrección, A la Llama de la Resurrección, Al Arcángel Rafael, A la Madre María, A Lady Meta, Canto a los Señores de la Paz; Oh, Rey Saint Germain; A ti, amada Portia; A los amados Helios y Vesta, A la amada Inmaculata; A ti, gracias, Shamballa* ***#CD-32B***

MÚSICA PARA EL CANTORAL DEL "SERAPIS BEY", Vol. 3 Incluye *A los amados Jofiel y Constanza, Canto al amado Confucio, A la Señora Venus, Canto a Chamuel y Caridad, A la Diosa de la Libertad, A la Llama de la Resurrección, Serapis Bey, Constructor de Puentes, Elohim Vista y Cristal , A Uriel y Doña Gracia, Ángeles de la Paz y la Provisión, A Zadkiel y Amatista, Ángeles Sanadores del Rayo Violeta, Canto a los Siete Arcángeles, Señores de los Elementos, Canto a los Siete Elohim, A Príncipa, Señor del Orden Divino, ¡Maestro Cosmos, ven! , Canto al Maestro Bob, Canto al Espíritu de Navidad, Al Gran Sol Central* ***#CD-32C***

MÚSICA DE LOS SIETE RAYOS Incluye *Danza ritual del Fuego, Allegro (Sinfonía #7), Ah, Sweet Mistery of Life , Moonbeans Shinning, Alborada del Gracioso, Vocalise, Celeste Aida, On earth as it is in heaven(La Misión), Reminiscencias de Don Juan, Libera Me (Requiem), Laudate Dominum, Adagio (Piano Concerto in La mayor), Bachianas Brasileiras #5, Waltz Opus 64, #2* ***#CD-33***

Made in the USA
Middletown, DE
04 December 2014